황천항해

차영한 시집

시인의 말

삶과 죽음의 바다배꼽 찾기

 떨리는 스탠바이stand by로 타전해오는 풍랑의 거센 시점에서 앞뒤 없이 부분적으로 시작하는 전환점의 불안한 물발에 짓밟히는 착각들이 정체성과 겹쳐진다. 격렬하게 부딪칠 때마다 클리노미터Clinometer 계기計器에 나타나는 35도 이전 생사의 기울기를 파도가 핥는다. 혼절치 않고 간신히 욕망의 한복판에 해도를 펼쳐 사는 방향을 가리켜주는 바람에 예의 주시한 시간들 시퍼렇다. 항진하는 키를 믿으면서 강인한 인내와 슬기로 생동하는 에너지들은 아직도 덩어리로 굴러다니고 있다.
 "삶이라는 것은 심연 위에 걸쳐 있는 밧줄과 같다. 건너가는 것도 힘들고, 돌아서는 것도 힘들고, 멈춰 서 있는 것도 힘들다"는 니체의 차라투스트라 말에 아직도 고개 끄덕이고 있다. 스타보드 택starboard tack에서도 곤두서는 방향을 잡고 스테이stay, 스크루 기어screw gear 쇠붙이끼리 다그치는 악천후에도 항진 코스는 운명에만 맡길 수는 없다. 바우bow나 스턴stern에서 하얀 장미꽃 유혹을 갈아 눕히며, 배의 속도와 배 밑에 흐르는 시간을 안배하는 순식간을 포착해야 한다. 마스트의 깃발 소리에 긴장의 끈을 조여야 한다. 데크 체어deck chair에서 고독한 그물망을 목숨보다 더 소중하게 챙기는 동안 수평선 너머에서 생경한 날갯짓을 지금도 감지한다. 하아! 토하는 탄성들끼리 부둥켜안다가도 갑자기 바다 한복판의 긴 휘파람 소리 들을 때는 민첩하게 서둘러 가까운 기항지로 뱃머리 돌리는 기지機智도 있어야 한다. 그때 목 놓아 울부짖던 생명의 소중함은 더욱 생생하다. 그때의 아날로그 조업이 조금 섭섭하더라도 반드시 그물질 멈춰야 모두가 구원될 수 있으며 다시 기회의 땅을 만날 수 있다. 바다는 스스로 확신을 가르쳐준다. 고난도의 체험에서 꿈과 희망은 거센 바다에도 있다는 것을—

2019년 9월

통영 미륵산 아래 봉수1길 9 '한빛문학관'에서

차영한

차 례

● 시인의 말

제1부

태양이 빛나는 바다 —————— 10
파랑주의보 —————— 12
너울발톱 —————— 13
어로선에서 —————— 14
출항, 트롤선 —————— 16
항해하면서 1 —————— 18
항해하면서 2 —————— 19
풍랑주의보 —————— 20
폭풍전야 —————— 22
풍파 —————— 24
삼각파도 피하면서 —————— 26
황천항해 —————— 28

제2부

- 파도가 밀려오는 이유 ──── 34
- 갈등, 너울이여 ──── 36
- 블루코너 끼고 항진 ──── 38
- 거식증 바다 ──── 40
- 배꼽시계와 허리물살 ──── 42
- 참 어부 되는 답변서 ──── 44
- 동해바다 눈발조업 ──── 46
- 풍랑조업 ──── 48
- 캄차카 바다 조업 ──── 50
- 제주해협 지날 때 ──── 52
- 남지나해 어로작업 ──── 54
- 파도, 아모르파티amor fati! 불꽃이야 ──── 56

제3부

바다 근성 ──── 62

바다 관능 ──── 64

요동하는 바다 ──── 66

시를 낭송하는 바다 ──── 67

뱃멀미 ──── 68

물 때 소리 ──── 70

새벽바닷물보기 ──── 72

유혹, 바다입질 ──── 74

농어 낚기 ──── 76

탁본拓本, 감성어 ──── 78

참 다랑어 낚기 ──── 80

칠월바다는 ──── 82

제4부

택배로 오는 바다 —— 86

파도에 터진 그물 다시 깁네 —— 88

분노하는 바다 —— 90

하혈하는 바다 —— 92

선창가에 거닐면 —— 94

허탈하여 혀 내미는 바다 —— 95

삭발하는 바다 —— 98

희악질 웃음소리 [謔笑] 1 —— 100

희악질 웃음소리 [謔笑] 2 —— 102

해파리 춤 —— 104

리메이크, 거대한 바다입술 —— 106

끊어진 해안선 —— 108

제5부

물버랑 떠올릴 때는 ─────── 112

우울증, 바닷소리 ─────── 114

굴 껍질 ─────── 116

바다는 텔레비전에 신나게 뛰고 ─────── 118

하늘이 그물질하는 기라 ─────── 120

터닝 포인트 ─────── 124

밥숟가락 보면 ─────── 126

나를 움직이도록 하는 것은 바다네 ─────── 128

S기항지의 백파 메모지 ─────── 129

다시 출항, 텃밭을 향해 ─────── 132

언젠가 사람도 바닷속에서 살 수 있다 ─────── 134

승선일지 비고란 특기 ─────── 136

▨ 차영한의 시세계 | 김미진 ─────── 141

제1부

태양이 빛나는 바다

침침한 도시의 출구에서 훔쳐본
자기의 순결은 내세워도
강인한 자유의 아름다움
위대한 군중들의 깃발이 일제히
펄럭이는 외침을 모르던 나는
바다로 갔을 때 처음 알았네

날마다 새롭게 탄생하는 숨결
신비한 생명력을 환호하는
선언문을 낭독하는 바다를 보았네
충동질하는 유혹 앞에 이끌리지 않는
청동빛 어깨 하여 바다 한복판
열띤 토론장에 직접 버티는 목마름에
호통치고 있는 우주의 소리 들었네

비로소 왕성한 피를 당당히
수혈받을 때 그렇게 숨겨오던
외고집과 수모의 깃털마저 뽑히면서
일체가 부활하는 내 꿈의 빛살

날아오르는 황금 새를 볼 수 있었네
내 영혼의 날갯짓 처음 보았네

파랑주의보

장딴지 위에까지 바지를 말아 올리는 바다
갑자기 고기가 많이 잡혀서 불안하다
더 시장기 드는 내 창시腸屎는 끄르륵거린다
배 만져줄수록 부풀어 오르는 복어처럼
뽀드득 이 갈며 삐걱대는 배
벌컥벌컥 화내는 흥분들이 몰려오는 경련을
토해내고 있어 소금 절인 욕설로 퍼붓는 갈증에
홀랑 내 옷마저 벗긴 채 춤추는 방어 떼

다른 데로 헛발이 뻗친 포물선에 휘감기는
채낚시 줄 봇돌들이 턱주가리를 칠 때마다
흩어지는 물방울에서 무지개서는 구역질 멀미
호소하는 갈매기 떼는 사과껍질을 벗기고 있다

너울발톱

'돔 페리뇽' 샴페인 마시다 바다가 외치고 있어
서로 멱살 붙잡고 뺨칠 때마다
온 바다 지느러미가 흩어지며 헤엄치고 있어

쪽빛 물방울로 튕겨대니 수국꽃이 피고 있어
나비 떼로 날고 있는 꽃이파리들
날치 떼가 따먹을 때 돌고래 떼는
바다눈썹과 아이라인 그려 넣어주고 있어

함부로 버린 휴지들이 갈매기 떼로
환생하고 있어 난데없이 농어 떼가 미쳐
뛰며 몰려오고 있어 겁 없이 뱃전 위로
마구 뛰어넘고 있어 주검들끼리
묶어보려고 밧줄 던지며 빈정거리고 있어

흰 바다참수리 눈마저 헷갈리게 하고 있어
낚아채려는 독수리 발톱보다 먼저 중심 잡아
망자혼백풀이를 너울발톱들끼리 하고 있어

어로선에서

한창 내갈기는 황소 오줌살 같은 뱃심
꽃게통발 배 씻는 생명의 물줄기를
걸러내는 강렬한 바다의 생리를 보고 있네

울퉁불퉁하고 단단한 땅만 막연히 밟아온
창백한 안일에만 그저 맹종해 온 내 이유들
그간의 오만과 편견의 창시를 싹둑 잘라버리는
후련하도록 퍼붓는 욕설을 냉혹하게 후려치네
뱃전을 달구는 격렬한 파도자락 근육질 보네

시퍼런 불길 속에서도 출렁이는 빛의 유희
모처럼 터키 이스탄불에 갔을 때 나를 사로잡은
호론 댄스처럼 달리는 말발굽 소리들
광대한 청포도 넝쿨에 걸려 넘어지고 있네
검푸른 포도주 흔들리며 넘치는 크리스털 컵들
유리 기둥에서 박살 나 얼음덩이로 솟구치네

격랑과 격랑 사이에 토막 난 부표들을 밀치며
금발로 숨기는 메두사의 날카로운 이빨에 씹히는

거대한 문어발이 발버둥치는 짬뽕 국물을 보네
꽃게가 시체 입술을 물고 그물에서 춤추고 있네

출항, 트롤선

'드래프트draft를 점검일지'에 기입하면서
해도海圖 상 현재 위치를 짚을 때마다
'해도 상의 물표 높이'를 챙기고 있어
백파白波로 흩날리는 걸 보고 웃어대는
내 너털웃음에도 빈정대는 블루코너

'미드십midship'에도 해골들의 유혹에
이끌리던 깊이 우아하게 유영하는
접시가오리 떼의 어깨에 내리는 진눈깨비
곁눈질하면서 남은 술잔에 들큰한 갈등
삼키지 못해 안주로 되씹고 있어

밀물과 썰물끼리 뜨거운 입맞춤이
돌아서는 물 때 목쉰 한바다 바람 방향에
그슬리지 않는 위치를 탐색하여 압도하는
생사는 일부러 울리는 뱃고동에 표지등 켜고
줄다리기 배짱으로 칠흑 같은 모든
예상을 소상히 점검하여

갈매기 떼를 따돌리면서
우리들의 몫은 늘 기대 밖의 귀항에서
손잡는 것뿐 푼거리 없어도 돌변하는
바다와 맞붙어야 하는 이유는 없어

항해하면서 1

갑자기 잔잔한 바다일수록 두려움은 더욱
불안을 부추기고 있어 목에 명주수건 두른
갈매기 떼도 땅따먹기하고 있어
그럴수록 파도는 몇 분 만에 흔들리다
서로 부둥켜안고 웃어대고 있어

몸놀림하다 수평선을 스스로 끊어버리고
미치고 있어 치솟는 근육질 불끈거리도록
옆구리 찌르기도 하고 있어
참고래 떼마저 거대한 유리잔에다
새벽우유를 희석시키고 있어

한바다에 들어설수록 바닷새 날갯죽지들
장등에서 부서지고 있어 푸드득거리다
황급히 '항해용 해도' 위로 낮게 날고 있어
'마이크로미터 육분의 본호(arc)'를
가리키고 있어 물 때와 8m/s의 풍속과
4m의 파고를 '거등권 항법'으로 편차 내면서
노N 노N 바이by이스트E로 항진하고 있어

항해하면서 2

이 엄청난 긴 항해에서 나는 만났네.
더 지혜롭고 온유한 자를 맞이했네.
위선하는 자네의 헛웃음에
식상한 이후부터 섬과 섬 사이
암초를 피해 항해하는 그 선장 이야기
내가 잠시 머물던 태양의 나라 스페인
바르셀로나 항구에 닻을 던지듯
시원시원해서 무한한 꿈은 부풀었네.
고리타분한 그 카페의 담배 연기 같은
안개 낀 나그네의 실눈이 없어 더욱 좋았네.
불타는 바다를 황천항해 하는 해도 위
망망한 수평선을 짚어 순순한 물길 찾았네.
깜찍한 승리자의 비겁함보다 목적지까지
천천히 얻어내는 뚝심은 든든하였네.
무사히 닿을 수 있는 확신을 얻어냈네.
버리지 못한 야망을 성취감으로
이끄는 신비로운 끈기에 더욱 감동했네.
참으로 오랜만에 한바다에서 나는
나를 향해 던지는 강인한 밧줄 처음 보았네.

풍랑주의보

놀 바다는 흰옷을 천천히 갈아입고 있어
'황천항해' 준비도 만반 완료됐어

너울은 지석 없이 이빨 갈아대고 있어
고깔 춤추는 양배추를 통째로 벗겨 간 맞추듯
빙빙 돌려 흔들면서 말뚝 컵 맥주 거품을 쭉쭉
들이키고 있어 마실 때마다 덧니도 보이고 있어

내던지는 빈 병 소리처럼 모이는
낯선 배들 잠들지 못해 뒹굴고 있어
천년 묵은 참나무 둥치끼리 검푸른
몸뚱어리로 줄다리기하고 있어
'선수船首 2~3점에 풍랑예측' 항속 늦춰도
팔뚝에서 툭툭 불거지는 근육질이 꿈틀대는
밧줄 되어 공중으로 내던져지고 있어

풍랑끼리 실랑이하다 휘감긴
괴물들의 긴 곱슬 머리카락 잘라준
주방의 칼과 동거하던 바퀴벌레의

약삭빠른 오만, 오만 사당 잡년들도
뿌리치지 못해 밀쳐둔 비늘들이 도마 위에서
칼 세운 비늘로 펄펄 날리고 있어

코르크 병마개들로 흡음해보는
자맥질 그것도 외면한 채 흔들어대고 있어
먹성 좋은 저 혀 놀림 헛바닥 겹쳐 깨물리고
속치마까지 벗어던지는 옴 파탈
바닷말도 도플갱어처럼 떠다니고 있어

참다못한 스페인의 판당고 춤까지
선보여주면서 이 빠진 히피족 사육제
불꽃놀이로 불타는 웃음 보여주고 있어

폭풍전야

여름에 날씨 잡고 헤엄쳐오는
숨 가쁜 바다를 보네 그 사이로
눈부신 요트들 띄우는 석양을 보네

일렁거리는 물 자락 끝에 물개들이
눈웃음치네 바로 그때 선수船首에 걸린
파도가 찢어지네. 투명 망토 입고 웃던
미친 연놈들의 덧니들 드러내기 시작하네

저 개펄 구덩이에 시커먼 늙은 이빨 먼저
뿌리째 뽑히고 있네 뽑힌 잘피마저
껴안고 참말들이 둥둥 떠다니네
길게 내미는 거대한 개 혓바닥은
무엇을 싹싹 핥아대는 닻 끌리는 소리들
온 바다는 왕방울 눈알이 휘둥그레지네

가창오리 떼 같은 검푸른 정어리 떼
휘몰려오네 허기 찬 돌고래 떼가 뒤쫓네
핏빛으로 돌변하여 숨 가쁜 저녁 바다

서치라이트가 오히려 쫓기듯 나를 흥분시키네

풍파

파도들이 갑자기 갑판 위로 뛰어
오르고 있어 그럴수록 마스트깃발은
물개처럼 손뼉만 자주 치고 있어
한사리와 조금 사이에서 허리춤 추스르는
수평선을 끌어당기고 있어
풍속 9m/s에서 줄다리기를 하고 있어
입가에는 부글대는 거품이 일고 있어

화끈거리도록 자진얼림굿놀이가 발 빨라지고
덤벙덤벙 추임새 넣으면서 구름 휘감는
곱슬머리 물안개가 일어서고 있어
상모돌리기들이 마구 헝클어지고 있어
너울 장삼춤에 함박눈으로 쏟아지는
갈매기 떼 날갯짓은 허기 든 포크처럼
콱콱 파도를 찔러대고 있어 연방
디지털카메라처럼 파도를 찍어대고 있어
보우bow 서치라이트 불빛이 지나는
곳마다 아래에서부터 흔들려 와르르
바다블록들을 쏟아버리고 있어

파두波頭로 떠받치며 킬킬대고 있어

냉혹한 눈알로 밀어붙이며 이동하는
검푸른 물소 떼 울력걸음걸이마저 제 흥분에
격렬한 투우 싸움으로 돌변하고 있어
난데없이 몰려오는 거대한 악어들
입 벌리는 하마들과 난장판이 되고 있어

저승의 가마솥 한복판에서 펄펄 끓는 백파白波
포효하는 범고래 등지느러미를 솟구치게 하여
가마솥을 뒤엎으며 배 밑으로 굴리고 있어

삼각파도 피하면서

거대한 아궁이에 활활 타는 생장작불
검푸른 불덩이들 위에 펼쳐놓은 채
어업용 해도 위에서 곤두박질할 수 있는
바다 밑 깊이 숨겨둔 욕망들의 불꽃들
좌절과 절망을 컥컥 씹다가 내뱉고 있어

긴 머리카락 날리면서 머리 없는
몸통들끼리 칼부림하는 캐리비안 해적들
맞대결하고 있어 그러나
아니네, 해골들끼리 으르렁대고 있어
서로들 염통을 도려내고 있어
'망자의 함'에 넣는 〈바다의 사나이〉들은
휘파람을 간헐적으로 날리고 있어

후회하는 한숨으로 구명줄 챙기도록 하고 있어
어군 탐지기 속 바다 깊이를 보고 있어
독차지하고 싶은 빈자리 훔쳐보는 여자의 눈빛
겉으로는 부드러운 채 웃어대고 있어
새롭게 태어나고 싶어 절박한 현기증은

어군탐지기를 얼룩으로 교란시키고 있어
파고 4m의 해저로 내려가서 만나자고
유혹하고 있어 소용돌이치면서 산산 조각난
배를 미리 보여주면서 시계 반대 방향
쿠릴 해류 밑 파한波限조차 싹 지우고 있어

감히 누가 입 들고 저 끔찍한 인당수에
빨려 들어간 샤먼 파장波長 꾸짖겠는가!
파속波速에 압도된 두려움도 굳어버리고 있어

삼각파도 피하면 항해사 동공은
저 별바다 북극성처럼 하얘지고 있어

황천항해

새벽 바다 달구는 기관실 엔진 소리
일출 전 당기는 밧줄에 닿아
펄떡펄떡 뛰네

상처 난 이마에 또 쿵쿵
찍어대는 내 머리통 만질 때마다 벌써
매혹적인 항구를 빠져나오네

구명줄 챙겨주는 바닷새들
한 바다 위로 빙빙 돌면 알게 되네
꿈 많은 나의 두려움은 마구
흔들리기 시작하네

갑자기 높새로 돌아가는 마파람
비 타작이나 하듯 도리깨질 돌려치네
일어나는 돌풍에 만반 준비 완료에도
16m/s의 회초리에 눈뜰 수 없네 이 엄청난
롤링 피치 앞뒤로 곤두박질할 때마다
이미 나의 불안과 당황함은 처박히네

연방 토해내는 토악질은 해파리 떼로
떠가고 있었네 폭풍주의보마저
날갯죽지 꺾인 채 스턴stern의
깃발이 부들부들 떨어대고 있네

마구 숨통을 쪼개듯 생장작 패는
파도 자락이 유인하는 수많은 병마와
병졸들을 휘몰아 험준한 협곡에서 굴러
떨어뜨리는 바윗돌들이 처절한 아비규환까지
함몰시키는 탕탕 탕 뱃전을 칠 때마다
덜컹 덜커덩 삐거덕삐거덕 쩍쩍—
체인 케이블의 파열음 들려오네 함께
울부짖는 선체 자주 멈칫거리는 엔진 소리
아찔한 현기증마저 찰카닥찰카닥
죽음을 미리 필름에 담아내고 있네

한참 동안이나 빨려 내려가는 바다
깊이에서 등짝에 찰싹 붙은 가슴뼈마저

철렁 내려앉네 바짝바짝 타다 터진 입술
핏방울만 빨아대네 들큼한 피 냄새 맡은
식인상어 떼들 입 벌린 채 꼬리지느러미로
탁탁 쳐보기도 하네
누군지? 떠다니는 시간屍姦들의 팔다리를
다시 토막 내고 있네 눈 감아도 흥건한
피바다 시퍼런 불길 속으로
내던지고 있네

나를 묶은 마닐라 로프 구명줄마저
이빨로 끊으려고 발버둥 치네
낚시코에 찔려 꿈틀대는 갯지렁이들로
애처롭게 클로즈업되고 있네

갑자기 건장한 사내가 분노하면서
내 얼굴을 향해 노란 페인트 통을 차버릴 때
안 돼! 안 돼! 내 외마디 소리에
누군가 내 몸 흔들면서 잠자면 안 돼 아아!
아아! 소리에 겨우 눈을 떴을 때

농구공처럼 튀어 오른 태양을 보네

매골埋骨되지 않은 내 식은 땀방울을
호수 물줄기가 씻어대듯 쓰다듬어주네
도시 한복판의 분수대처럼 시원시원
시원하게 뿜어대고 있네

두 발로 걷게 후끈한 태양이 손잡아주었네
나를 사랑한다고 갈매기 떼 보내온 바다
생크림 하트 드로잉을 펼치고 있네
초록빛 항로로 이끄는 돌고래 떼는
뱃머리 따라 고향 물레방아 돌리고 있네

제2부

파도가 밀려오는 이유

노골적으로 질문해오는 시퍼런 비명
해안절벽 강정을 붙잡는 경악으로 뻘뻘
땀 흘리고 있어 꿈틀대는 부표처럼
떠다니던 스몸비족들이 칠전팔기하고 있어

그동안 한복판에 쌓인 불만들로
소용돌이치다 여태껏 사투해오던
애매한 고통들이 구역질하고 있어
흥건히 쌓이는 쓰레기장 입구에다 방榜
붙이고 있어 태양풍의 기만일 수도 있다는
리플도 달고 있어 오! 어처구니없이
오늘 이 시각은 난상토론회 진행 중이구나

짜릿하도록 퍼붓는 욕설에
청동칼날 마구 휘둘러대니 모든
의문들은 저쪽에만 있는 진실 아닌데
저 외재성의 이데올로기마저도
굶주린 만큼 멋진 패배일 수도 있어
내달리는 것은 말들이 아닌 욕망임을

자기만의 올가미는 없다고 진술하고 있어

찰떡 칠 때 손놀림 나머지는 솔직히
접수할 수 없다고 생떼 쓰고 있어 서로의
심장을 도려내려고 치열한 공방전이
벌어지고 있어 시커멓게 탄 살점에다 쓴
포기 각서를 낭독하고 있어 연방
토해내는 핏덩이를 되러 설득하고 있어
괴물들은 널름 삼키면서 흔적 지우고 있어

변론할수록 응징하는 숙명적 탓을
참수하는 중에도 생사를 팔뚝에 걸머쥐며
말썽꾼은 억센 바람임을 싱겁게 자인하고 있어

갈등, 너울이여

적갈색 살점 도려내어 먹다
내던지는 너털웃음 껄껄해서
맘에 슬슬 드네 털털 털면서
빈정거리는 입방아를 오히려 길들이네
처음은 물렁한 파도 너울 관능으로
집적거려도 약간은 밉지 않네

바람 속도가 5m/s에도 떨리는
바다 맨몸들은 보여주지 않지만
구명 로프에 허리 묶여도 데크deck
넘나들며 까불대는 백파에 불만과 오기는
탱탱해지며 더 빳빳하게 서네

항진할 때는 잔잔함보다 뾰족해지는
풍랑은 버금할만하네 그러나
가오리 생간生肝마저 한입 그냥
삼키듯이 카리스마 눈빛은 유리알로 빛나네
바다코프라를 목에 감으면서 헛헛한
넛두리 광대 웃음보네 시원한 대머리 춤들은

우쭐거리네 용솟음치는 발기를 유혹하네

팍팍 기를 채울 때마다 질투하는 해골들이
입맛 다시네 밑밥 휘휘 휘 뿌리자 급습해오는
포악한 백상아리 떼 이빨 보여주네 저런,
저런! 벌써 눈치채고 날치 떼는 날고 있네
카이로스 충동질은 뜀뛰며 고깔 춤추고 있어
수많은 유리 절벽이 무너질수록 불안하여
하얀 뼈 찾기에 집착하는 저 광소狂笑 보소

자승자박은 없네 바로 생각들 펼치면
대칭적인 갈등 풀어헤치나니 온통 광란하는
대왕고래 지느러미들이 두드려 부수고 있어
바다 프리즘은 이미 사육제를 알고 있잖아

블루코너 끼고 항진

눈빛끼리 숨겨놓은 것들 탐색하고 있어
처음과 끝자락에서 떨어져 나간 꿈 그
파편들을 뒤적거리고 있어 짓밟히고
찢어진 바람을 보듬고 사는 시간들이
울부짖는 연유를 찾고 있어

유전되어 온 클리오네*의 해파리 춤 같은
우리들의 발음마다 남아도는 구시렁거림에
날아오는 쥐가오리 떼의 신호음에서도
짚이는 데 있어 내 눈알 핥아 먹을 듯
긴팔오징어 떼가 몰려오고 있어
일억 오천만 년 전 공룡들의 신음도
들려오고 있어 거대한 빙하기 울음들이
해빙에도 짝 맞추기하고 있어 내 동공
안으로 떠돌면서 바닷새 떼 유혹하고 있어

밍크고래들은 코웃음을 치고 있어
참치 떼의 훌라후프 놀이에 넋 빠진 채
가시연꽃 같은 유빙을 건들 건들면서

연방 소용돌이치는 무서운 블랙홀 피해
그러나 인당수 연꽃에서 나오는 심청이
아니, 인어를 본 듯한 착각에 빠지는 깊이는
심해어 '큰니고기'가 유혹하고 있어

* 클리오네 : 바닷속 아기천사. 만나면 행운이 찾아온다고 함.

거식증 바다

번쩍번쩍하는 번개와 우당탕하는
천둥소리에 생살들이 찢어지고 있어
이건 몇천 도의 마그마를 다시 덮쳐
담금질하고 있어 피고름이 엉킨 물발이
벌건 문어 빨판으로 다가오고 있어
피 한 방울 흘리지 않도록 녹여
삼키고 있어 순간 겨우 구해낸 다리
틈바구니에서 탈출을 시도하다
곤두박질하고 있어
툭 튀어나온 문어 눈깔로 위협당하는
허기진 내 얼굴 향해 먹물을 쏘아대기―

겨우 눈 떴을 때 숨구멍마저 어처구니없이
거세게 빨아들이고 있어
속수무책에 치명적인 근육질은
자괴감으로 축 늘어지고 있어
엎드려 기어 다니면서 사투하고 있어
아으! 억울하게 생포되는 으아리덩굴절망
만신창이로 신음하고 있어 거기로부터

헤엄쳐 나오다 외쳐대고 있어 그러나
검은 파고에서 풀 죽은 채 끌려 나와
백기 흔들고 있어 무장해제당한 채
하늘만 믿는 눈물은 미쳐서 웃어대고 있어

덜덜 떨리는 내장 꺼내놓고 생소금에 찍어
씹어대고 있어 돌돌 휘말아 널름널름 삼키고
있어 남은 힘으로 밧줄 끌어당기는 긴 한숨
묶으려 할 때마다 거대한 혀를 내미는 거식증 바다

배꼽시계와 허리물살

바다가 일러주는 자네 태어난 물 때 아느냐?
내 허리 휘감고 사는 바다를 자네 허리에서
풀면 되네 허리띠 조이면 썰물 되는 배꼽시계
그러니까 물살 짚어 보면 푸새에 달 걸음
알게 되는 기라 풀쳐 생각에도 탄생 소리
들리는 기라 여자 이슬도 음력으로 짚어야
맞는 기라 그래서 사람 생일도 음력이
맞아떨어진다 아이가 보름달에 자네 모습은
달 속에 그대로 비춰보면 똑같다 카이

일곱물 때 알려면 달팽이 걸음 위로 보름달
뜨는 날인기라 바로 그기 배꼽물살 아이가
음력 보름에다 초여드레 조금 더하면 바닷물도
두 번째 쉬게 되는 스무사흘 조금인 기라
빙글빙글 돌고 돌아 초여드레 조금 때와
스무사흘 조금 때는 매달에 두 번뿐인 기라
음력 일자 찾아 짚으면 자네가 그렇게
궁금한가! 바닷물이 외쳐대는 날씨 알 수
있지 날마다 바다처럼 풍덩해지는 기라

번쩍이는 대머리시계는 없지만 물 때 짚으면
절기의 온기 다 아는 기라 어부들이 낳은
조금 아이 많은 것도 조금날에 집에서
쉴 때 그러기에 잊은 생일도 되짚으면
웃음이 빙그레 한다 카이
궂은 날씨일수록 아이 많이 낳는다 아이가
서로 찾는 배꼽 째는 소리에서 조금치
더하면 빗방울 소리 절절거린다 아이가

무슨 배 타더라도 먼저 바다시계소리 잘
짚을 줄 알아야 배 탈 수 있다 카이
어선들은 수덕水德 있는 사람 찾는 기라
그러니까 바다에 사는 것들은 물 때로
사는 기라 물 때는 아가미와 지느러미 보면
아는 기라 푸접없이 얼음 아래 물 때
시간도 절절 알아야 진짜 어부라 카이

참 어부 되는 답변서

구명줄로 몸을 맨 채 그물망 다 퍼주고도
롤링 피치 배질로 사는 것은 저승길이네
누가 불러서 바다로 온 것은 아니지만
바다를 만나면 파도자락 질문서는
언제나 던지는 그물망에 있네
녹색 칠판에 그림 그려온 성난 파도와는
다르지만 내 뱃장은 든든하네
기약 없는 것이 죽음이라면서 앗 차!
하는 순간에 갈림길 예감으로
눈 감으면 그만이지만 바다와 사투
사투하면서 살고 싶어지는 내가
누군지를 똑똑히 볼 수 있네
그러니 닦달하지 말게 나, 살아서 둥둥
떠다니는 두 개의 주검들 보아서 제발
다그쳐 묻지는 말게 나, 노골적으로
바다의 비밀 철두철미한 칼질 이유를
파내 물어보면 바다 내장이 자네와
다를 바 없네 콧구멍부터 길들여 왔네
감미롭게 바닷물과 첫 키스했을 때지

사정없이 목덜미를 후려치는 너울 자락
갑판에 넘어뜨려 내동댕이치면서
기가 차도록 일부러 헛웃음도 치네
일으켜 먹살 잡고 마음대로 갖고 노네
쇳덩어리로 버티는 꺾쇠 보여주면서
검실검실한 구레수염도 슬쩍 쓰다듬어주네
항상 바다와 결투하자고 어깨로 밀어붙이네
거대한 눈알 부릅뜨며 거기다 다정다감할수록
지랄 잘하는 변덕 부려대기가 일쑤네
눈깔이 골수를 파고들며 노려보기도 하는 기라
황천항해 때는 빈 배 몰고 올 수 있도록
종용을 하네 배짱 좋은 항해사 자격증 무시하며
배 엉덩이를 되감아 후려치기도 하네

동해바다 눈발조업

'위치의 선 항법으로 선위 결정' 한 4월 중순
8℃의 뭉클뭉클한 저 아이러니를 보네 찡하게
뒤섞으면서 함박눈의 헛웃음도 바람 따라 웃어
눈알끼리 서로 깜박여도 멍청해지고 있어

미끄러워 디딜 수 없는 물 장화도 엎드려
연방 호스로 바닷물 끌어다 씻어도
아이스블랙~~미끄러워서 하나씩 던져주는
음료수 깡통 반대쪽에서 타원형 그리기만 해
휘둥그레지는 눈알은 주판알 되면서

평균 수심 830m의 절망의 허리를 묶은
구명줄도 자지러지고 있어 하늘 보고 눈물 마시다
콧물마저 삼켰는지 마구 퍼붓는 폭설 같은
허탈감은 분노로 소리치며 흩날리고 있어

가족 모습 떠올라 절레절레 체머리 흔들면서
비상 온수로 갑판 씻어대지만 고문당하는
쓴웃음들은 뼈마디에 받치고 있어

힘주는 소리 현장감 넘쳐 바다도 거들고 있어

라디오에서 흐르는 로큰롤 연주처럼
오호츠크 환류가 반시계방향 휘돌면서
내 손을 뜨뜻하게 잡아주고 있어
덩달아 내리는 눈발 고기밑밥을 주고 있어
무르춤한 명태조업에 버꾸 춤추는 갈매기 떼 보네

풍랑조업

풍속 13m/s의 비바람마저 걸쭉한 바다
'육분의 측정' 날씨는 시큰둥해서 가장
비겁하게 자해하려는 심술로 끝까지를
고집하지 못하도록 저 느슨한 권태증과
절망을 앞질러 꺼내 보여주고 있어

삼각파도로 밀어붙이며 혼미토록 유혹하고 있어
풍향풍속계를 파괴하려는 거대한 바다 터럭손
상어이빨을 쑥 뽑아 와류渦流를
치켜올려 보여주고 있어

욕망만큼 잘 짠 그물망일수록
롤링 피치 시켜 훼방 놓고 있어 상생을 위해
은근한 바람칼로 헛웃음 따내 달래면서
남은 힘이 빠지지 않도록 허리 묶은
구명줄로 중심 잡으라고 소리치고 있어

환상의 코코넛 숲길을 걷듯 블루코너도
간혹 보여주면서 두려움 몰아 겁주고 있어

얼떨결을 못 봐 부표처럼 내던지고 싶은
성깔 못된 갑판장이 그물망 끊어버릴 듯
아우성치고 있어 배의 엔진마저 꺼져버리자
해골들 웃음들이 솟구치며 펑크 내려 하잖아

그러나 동東캄차카 해류와 섞이는 쿠릴 해류
물 때 안에, 파도 헛바닥을 끊어내어야 했어
투망 완료 기항지 향해 출발 새우잡이 만선
에, 비늘들이 반웃음에 얼어붙어 서로 쳐다보면
파도도 미안해 고개 숙인 채 웃기만 하고 있어

캄차카 바다 조업

나태한 불평불만을 벗어던지고 있어
얼버무릴 사이 없이 마구 종이학을 날리듯
되풀어 감치는 물 때를 투망하고 있어

'계산고도 방위각표의 위치 선항법'에서 본
바닷새들도 섭겁慴怯하여 잠행속도를 분산
시키면서 높이 날고 있어 파고를 재어보면서

유빙이 떠 있는 만큼 시계視界를 뒤섞고 있어
풍속은 레이더를 키스 낼뿐 무너지는 빙산에
멍청하다 호통 치는 파도에 정신 차리고 있어

낯선 시간들은 항해사를 혼미토록 하지만
절대 놓치지 않으려고 산빙散氷지점 물 때
그 순간들이 반복하게 하여 빌미를 주고 있어

최악들이 포기토록 판단을 가로채고 있어
저돌적으로 공격을 선동하고 있지만
피학적인 생살 맞바꿔도 어림도 없어

그럴수록 더 조업하고 싶은 충동질 끈질기게 가다듬어 대 이동하는 명태 떼를 포획 성공 서로들 버티는 동안 움직이는 태클로 서서히 중심을 잡아 크레인이 당기고 있어 무엇보다 배의 중심 잡으며 끌어올리는 명태와 대구들은 배의 냉동실에다 날씨보다 더 차갑게 냉동 시켰어

  검붉게 멍든 물발은 패배감에서 웃고 있어
  유빙을 따돌리며 후끈하게 끌어당겨
  환호하는 영하 40도의 땀방울이 입술에
  떨어질 때는 들큼 하는 기라

제주해협 지날 때

홀연히 나타나는 이발소 대형 거울 파도
못에 걸린 하얀 가운을 확 벗겨 날리고 있어
가죽 혁대에다 쓱쓱 문대는 시퍼런 면도날
비누 거품 뒤섞어 파도콧수염 깎아내고 있어
갈매기 엉덩이 치마마저 까집고 돌풍을 향해
까불대게 하고 있어 그럴수록 배의 속력은
풍속과 파고를 속기하여 파고를 격파하며
황천항해를 할 수밖에 없어—

육중한 롤링 피치의 외침을 선미 추파追波가
들썩이고 있어 어질어질하도록 소용돌이치다
갈가리 찢어지는 수많은 바다눈구멍
실핏줄이 터지면서 울부짖는 소리
징·북 울리는 역전조류들은 해협을 가로질러
쏘대 오가면서 순간마다 덮치려 하고 있어

겁박주면서 거대한 혓바닥이 마스트 너머로
널름대고 있어 하얀 마스크로 입을
틀어막을 듯이 달려드는 괴물들이 황당하게

갑판 위를 넘나들며 싹쓸이하고 있어
두려운 공포마저 배 한복판을 쩍쩍 쪼개
삼키려 하고 있어 선장 콧수염 연방 적실 듯
전신 감각을 마비시키려 하고 있어

공복 속으로 헤엄치다 백파 위로 날아오르는
대왕 흰가오리 떼마저 절름거리고 있어

남지나해 어로작업

어렵사리 물 때가 우리 사는 그물망
한 가닥을 잡고 버티고 있어
눈꺼풀 비비면서 눈깜작이 저 속임수에도
항상 흰고래 떼는 참치 떼를 몰고 오듯
더 유혹할수록 주름살 몸살 헷갈리게
하고 있어 구로시오 해류와 쓰시마해류
겹쳐지는 물발 날리는 욕망의 콧물을
그물망에 주렁주렁 매달고 있어

로프에 허리 묶인 여럿이 줄잡아도
끌고 가려는 생사 갈림길부터
보여 주고 있어 저 어지럼증도 아랑곳없이
더욱 탁탁치는 그물밧줄의 닛泥 살이
온 배를 흔들며 휘덮고 있어
연방 문어발 파도자락이 공중에서
내려치며 끊어내고 있어 으흐흐 으—흠!
끔찍하게 때리는 파도 이빨 뽑는 소리
눈 깜빡이며 들을수록 난감하여 혀 차는
소리 입 다물면서 지우고 있어

그물밧줄 놓지 말라고 호통치는 신호
분간 못하게 계속 몸은 공중으로 붕붕
떠오르고 있어 외마디 소리마저 찢어
날릴 때는 그물망 반쯤은 만부득이
그만 끊어버려야 했어 헤헤…헤 흐~음!
신음할 때마다 언제 그랬느냐고?
바다에 휘몰려오는 짙은 덴스 포그

빈 배도 무사히 그 항구로 기항하면서
남은 참치회에 데킬라 양주 마시는 바다
들큼한 자기들 살점 질근질근 씹고 있어

파도, 아모르파티 amor fati! 불꽃이야

1.
두무날* 발 빠른 물살들이 발맞추려
허구虛溝에서 뱃살운동 위한 허벅지운동 그
끝없이 만족할 줄 모르는 입술 터진 닛泥살
흔적마저 되살리는 생명에너지 분출 위해

블랙유머들이 토막 난 곳의 접점 가리키면서

등달 나서 잠망 대던 늦은 걸음에 어쩌다
입맞춤에 발정한 너울은 뭐냐고? 달빛이
갈치 떼와 공모하여 지 꼬리 베어먹는 것도
아느냐고? 냉혹한 센 물줄기에 덤벼들고 있어

질문 다그칠수록 눈알은 빨개지면서

조금물 때에는 버글버글 간 조금새끼 물 때
짚어보기 좋아 후련하도록 엉덩이 반쯤 걸쳐도
아! 고것들이 손 아픈 조금치야 휘딱휘딱
배때기 뒤집혀지는 띠포리*발정 보면 알고말고

2.
그 기 꿰맬 수 없는 터진 상처라고 허허! 라고
웃어대다 개 구석에 밀리면 버닝 불꽃쇼
그것도 뒤집혀진 입술 타 버린 거품인데 저리도
좋다고 개오지고둥 입 오물 오물거리고 있잖아

물밑 여嶼 굽 턱 곡절 한사리로 풀어내면서

살아 있는 주검들 발길질로 두들겨 패는
한 덩이 파도에도 꿈쩍도 안 하는 후미에
뛰어올라 햇살로 수염 차분하게 다듬는 물개들
싱싱한 흥분 휘저어 콧구멍만 벌름거리도록

후렴으로 뛰는 바다 밑 방어 떼 바라보면서

앞 날갯짓으로 퍼덕거려 사는 거 묻고 있어
모른다고 칼칼하게 웃어대는 거기라고—
배 놀림 휩쓸어 대는 바람에도 물자배기는
잘 아는 시침時針보고 시치미 떼고 있어

3.
저 노도怒濤의 담론에 초대치도 않았는데도
들러리들이 물 때를 몰라 보이는 것만 넘보는
착각으로 끌고 있어 거대한 등지느러미를
파고波高만큼 무식하게 칼질 당하고 있어

입방정 떠는 내 혀 놀림을 쌩끌이하면서

기득권 주장도 풍랑 끝에는 없는데
청상아리 떼보다 다닥치는 대로 갈가리 뜯어
승자효과 내기 삼키기와 토하기를 하고 있어
수면水面일수록 피비린내도 물컹 비참토록

순간마다 목마른 침묵들 널름널름 삼키면서

뜻밖에 떠다니는 바닷말로 별바다 눈 가리는
블루코너의 너름새에서 겨우 탈출한 그곳
사실상 심신안정의 백색소음으로 위장해
죽어도 시원한 곳이라고 또 호언장담하고 있어

4.
척추등뼈 속 흰 심줄 컥컥 씹어 뽑아내기 전
낯익은 작살 빼앗아 부르튼 온몸 긁적이는
혹등고래가 북태평양 서남부에서 발생하는
열대 기압이 어찌 되느냐고 묻고 있어

배꼽사리 못 보고 가슴사리만 쓸어내리면서

수평선 커튼들이 축축하게 흩날리는 까닭
오호츠크해 동북기류가 따뜻하고 습한
북태평양에서 불어오는 서남기류가 만나는
칠팔월 장마의 흥분은 뭐냐고 보골 채우고 있어

혀 짧은 놈의 뚜껑 열린 반말 욕설 퍼부어대면서

너설 바위 연방 굴리는 그 깊이로 내려서
부의浮蟻 걸거치는 질문이면 답할 수 있어
사람 그리워질 때가 물 때라는 거 알고 있어
헛웃음 칠 때 행복하다지만 내한테는 불안이지

거대한 마닐라로프 줄 꼬는 바람이 칼날 세우면서

놓친 물 때도 한숨으로 깁고 깁다 날아오르는
순식간 바람칼이 알려주는 무서운 바다증후
'해마가 포세이돈 마차 끈' 목숨도 반올림하던
저 질투심 봐라 청승 아모르파티 불꽃 춤이야—

* 두무날 : 음력 열하루와 스무엿새 물 때를 일컬음.
* 띠포리 : '밴댕이 물고기'라고도 부르지만 조금 다름.

제3부

바다 근성

자고 일어나 봐도 성성한 물발들이라니까
저것 봐 어어 우~짜 것~노, 벽난로가
벌름거릴 때마다 바다비늘은 번쩍이고 있어
오호츠크 해의 남서해역 연해주沿海州
연변 따라 남하하는 저어 두꺼운 입술마저
불타는 웃음 깨물며 숨기고 있어

저 사내의 비밀스러운 배짱도 불타고 있어
엿볼까 봐 화창하게 빛날 때 문 열고
잔소리하는 갈매기 떼들이 머리카락
잡고 뱅뱅 돌리고 있어 캄차카 해류를
이끌고 있어 아까 그 여자 하얀 속치마
뒤집혀지도록 속이 깨운 하게 헹구고 있어

저 여자의 눈매도 적갈색으로 타고 있어
달아오르는 아랫도리 액세서리 익살들 지금
대장간 망치로 때릴수록 벌게지고 있어
쿠릴 해류 지류에 이르는 담금질 소리 쉿, 쉿!
연방 두들겨 동한해류에 다시 담금질 하고 있어

어! 어 저기 저거다 바로 여기가 동해안 난류
밍크돌고래 등지느러미 물마루에도 물자배기물살
보이고 있어 펄펄 웃어대면서 진액 몽땅 빼는
높새바람이 앞서 휘몰고 있어 뱃멀미 되감아
뒤꿈치가 욱신욱신 아리도록 좋은 물 때
그물 앞당겨 실망함을 실컷 분풀이해야겠어

그래서 자꾸 꽁치 떼를 퍼 담고 있어
그려, 그려! 불 지피는 불매장이 낸들
구수하게 청어가 익어도 빈정거리는 더듬바리
물발인들 낸들 저~, 저어! 우~ 우짜것노!

바다 관능

싱싱한 것들이 오달지고 앙세다 어이!
우야컷노 거대한 저승 대장간이 저리
시퍼렇게 벌름거릴 때마다 이미
바다 등 비늘이 펄펄 날다 떨어지고 있어

사내 비밀스런 그거 탐하기 위해서는
그 여자의 새가슴은 불덩이 속에서도
싱싱하다 카이 저어, 저~! 시뻘건 욕정들이
불덩이로 뒹굴고 있다 아이가

대장간 불매질 코숭이 위로 쉿, 쉿—!
퍼 넘기는 쇳물 그대로 보여주고 있어
참고래 떼가 되돌아와 에메랄드 대문 확
열어젖히고 바닷소리를 끓여대고 있어

새떠 있는 그 여자들의 속살 더 시원하게
헹궈대는 날씨는 이안류로 굽이치고 있어
뱃멀미에 지친 어로선 한 척마저
비리팽이 진액 다 뺀 채 선장 금이빨 새에

낀가 보아도 할족, 할족거리고 있어
'남의 살 먹으면 내살 내리는 것'처럼

조업일지에 써둔 처방 찾지 않아도
백파白波 그놈에 담금질 당하는 쇳덩이물발
기관장만 화끈 화끈댄다고 기름걸레로
닦아주면 좋다고 노는 거 보제 보라카이

요동하는 바다

저 금은 빛 부끄러움들 보라카이
바다 나비 더듬이가 바닷속으로
휘어질 때마다 갯지렁이처럼
몸통 비틀다 스스로 토막 내는 파도
보이지 않는 깊이에서 발버둥 치면서
도돌이표로 변신하고 있어 갑자기
복어 한 놈이 뛰어올라 저 회귀하려는
나비 날개를 통째로 삼켜버리는 순간
처절한 쾌감만큼이나 내뿜어 올리는
물방울 감탄사들이 줄줄이 번뜩이고 있어
저만치 어디서 본 미망인의 물방울 다이아에
아까 그 나비가 마지막 죽음과
입맞춤하다 다시 날아오르고 있어
대왕문어처럼 아름다운 시체가 꿈틀대기
시작했어 무지개를 끌어당기면서
원시눈깔들이 바다 날씨를 질투하고 있어―

시를 낭송하는 바다

거대한 거울 속 수많은 빛살들이
신나게 책갈피를 넘기고 있어 소리 높여
바다 시를 칼칼하게 낭송하고 있어

두툼한 입술들이 하얀 이빨 드러내며
게르마늄 쟁반에 잘 익은 포도알 굴리고 있어
튀어나가는 파도헛웃음 침액만큼이나
돌고래 떼가 되받아 낭송하고 있어
그 밑으로 이동하는 물고기들 신호음 받으며
바닷새 떼들이 되받아 낭송하고 있어

치솟는 치즈 덩어리들 핥으며 입술 뒤집혀지듯
날갯짓할 때는 내 발바닥이 간드러지도록
떨어대며 시를 낭송하고 있어

뱃멀미

파도가 크리스털 잔을
내던지고 있어 물 때는 격렬하게
솟구치고 있어 S라인 춤으로
광란하면서 갑판 위로 뛰어오르는
흰 돌고래 떼들이 포토샵 탐욕을
가로채고 있어 짜릿한 순간들도
내동댕이치며 헝클어버리고 있어

물어뜯을 듯 먹먹하냐고 전생의 아픔을
질문하고 있어 식인상어 이빨처럼
웃어대는 갑판장 덧니 내밀며 컥컥
씹으려고 윽박지르고 있어 내장을 꺼내며
질근질근 씹다 못해 다시 담뱃불로
내 목덜미를 지지고 있어 마구 퍼붓는
욕설에 밧줄끼리 줄 당기기를 하고 있어

완강히 버텨도 더 이상 감당 못해 끌려가는
밧줄에 엄지손가락이 재껴져 버렸어
3m 굿니 파고에 버티지 못한 내 참을성을

단호히 고쳐주겠다고 또 한 명의 고참 선원
주장대로 아! 그 배에서 매우 먼 어느
무인도의 갯바위에다 하선시켜버렸어

눈물을 타고 가버린 배는 보이지 않고
바위 잡은 채 절규했어 절망마저
넘실대도록 파도가 감금시켜버렸어
역류하는 피눈물도 큭, 큭 흐흑~!
울부짖고 있었어 호강하던 비단 이불에다
새벽달도 누런 눈곱 자국들 끼여 있었어

그러나 참치 배는 만선 깃발 흔들며
달려오고 있어 거짓말처럼 뱃멀미를
시원하게 챔질해가는 갈매기 떼들도
왜왜 그러냐고 갈갈 웃어대고 있잖아

물 때 소리

아 아따, 아따! 해사도, 어사리가 없이 넌덜머리야. 되술래잡다 아닥치는 멱살에도 넉살 좋아서 딱 잡아떼지. 되롱되롱 액땜하는 푸닥거리 발김쟁이야. 백중사리도 무살인줄 모르는 기라. 늘 바심 집에서 무얼 구시렁대는 성정머리에 물목 사이 망싱이 고년 입놀림도 그래서 탈이야. 거기다 지스러기 머드러기 꽉 차도 제 구멍이나 후벼 파는 돌림쟁이 달랑게도 그렇다 아이가. 날물에 들물 밀치는 가에 멀미야 어쩔 기라. 껄떡이 껄떡이야 꼴 조호타! 그래도 연중에 지랄병 떨다 아랫도리 벗고 바이올린 켜는 매니큐어 게蟹보다는 못하는 기라. 펄펄 거리다 돌금 치는 발바리 삽질에는 기차게 홀리다 뿐이것나! 갈맛조개 쎈 오줌 살 건들다간 허벅지 시퍼런 멍까지 든다 아이가. 호들갑을 떨어댄들 그게 다 조개밥이라 카이. 그래놓고 거들떠보지도 않는 기라. 펄구덕 펄펄 나비다가 누런 눈곱 낀 백내장 개조개들 보라카이. 그러마들 백내장 눈에 넣어도 눈은 껌벅이기만 하는 기라. 눈이 마뜩잖아도 갸우뚱해가지고 저리 좋아한다 아이가. 입가 거품 물고 보조개 지는 조것이 지기준다 카이. 굿니 덩거리*가 그리 집적거려도 엉덩이만 들썩들썩 들어주면 된다고 입을 떡 벌리고 웃는 꼴 가관인 기라. 아 아따!

해사도 야들은 선들선들 더 잘 산다 카이. 그래도 조것들은 물녘에서 시내 안 찬다 안 찬다 하는 기라. 바다는 매듭도 없고 집도 없다 카이. 해보고 달 보며 즈그끼리 그거 안 있나! 물똥싸움하면서 소두래하며 산다 아이가. 와이카노 해도 짓짓이 물장구치는 기라. 날일에는 익어서 하루에 네 번씩 나들이하는 기라. 그러니까 밤낮 입가에 범벅웃음 물고 두 번에 멀끔히 해치우는 기라. 바로 입 싹 닦고 널름널름 삼키는 물때썰때 아이가. 그것이 물 때인 기라.

* 덩거리 : 덩어리의 방언.

새벽바닷물보기

낚시 미끼가 된 하현달이 물보기*하고 있어
여瀨와 여 사이 아랫도리마저 더듬어대고 있어

물발이 배의 삼을 치며 팽팽하게
줄다리기하고 있어 후줄근하도록
설 낚기에 올라오는 두 뼘만 한 참돔들

뾰족한 칼이 된 하현달에 새벽비늘
뽐내고 있어 수박 껍질 냄새 같은 비린내들
톡! 코를 찌르고 있어

내 딴생각이 이거야 하는 순간에 하!
하현달 쪽으로 뛰다 첨벙거리더니
탈주하는 참돔 한 마리
놓친 놈은 더 크게 보이는데도 오히려
마음은 방생되어 갈매기로 날고 있어

아침 해도 새빨간 립스틱 바르면서
배시시 웃고 있어 동백꽃잎을

바다에 흩뿌려대고 있어

황금벌레들이 머리 치켜들고 경쾌하게 굼실
굼실 헤엄치도록 하고 있어 언제나 물 보기 나서면
벌써 내일 기다림으로 나를 확신시켜주고 있어

* 물보기 : 이른 새벽에 주로 첫물 보는, 어로작업을 말함.

유혹, 바다입질

왜 바닷가에 서면 발가벗고 싶을까
매트리스 속 용수철의 관능이
멈추지 않고 굽이치는 내 청년을
적시는 발등 물살로 줄넘기하는 걸까

허벅지까지 말아 올린 바짓가랑이 적시면서
끄집어 내리네 분명 누군가가 부르는
소리마저 빼앗아 손잡아 끌어안는
알몸으로 내통하는 부드러운 속삭임
밀칠수록 소유하려는 백색 신음 소리마저
점점 더 숨 가쁘게 바라지*열어
제치며 꼬리치고 있어
물발 주름잡아 가위로 자르듯
등지느러미 물살에 입 벌리고 휘둥그레지는
눈알 보이지 않는 화려한 고깔해파리 춤사위
되받아 한 장씩 주문하는 상서리* 주대* 입질
미혹 안 되는 배낚시 너울 신고스레 실랑이

오! 당기는 그 사이로 내밀한 황홀을 낚아

올리는 깊이에서 스프링매트리스 탄력 받아
컥컥 물어대듯 물자배기 소리 날카로운 이빨로
킬링killing하려고 덤벼들며 킬킬대고 있어

* 바라지 : 바람벽 위쪽에 낸 자그마한 창.
* 상서리 : 낚시터를 일컫는 말.
* 주대 : 낚싯대와 낚싯줄을 일컫는 말.

농어 낚기

저어 물굽이가 다섯물의 썰물 속으로
매달린 탐스런 미끼를 얼레고 있어
비린내 알몸 내 살점 도려낸 그대로
깊숙이 내려 뻗는 미늘 끝에 엇갈리는
얼룩말들이 신경망을 뻗치며 달리고 있어

기다림보다 빠르게 두두 둑 소나기 입질
어어! 씨알 굵은 농어라는 직감을
유연하게 휘어 채는 물음표는 더
휘어지면서 돌연 확 끌며 내달리고 있어

챔질할 수 없는 유혹과 불안한 줄을 일부러
깊이가 아닌 170m 정도로 흘려주다 감아대는
팽팽한 긴장감에 서로 힘 빼기하는 짜릿한
감칠맛 능글능글한 욕망과 척 맞아떨어졌어

움켜쥔 채 강신굿 하듯이 떨어대는 낚싯줄
비로소 통쾌감은 소리쳤어 예감 그대로
팔십 센티쯤 되는 놈에 탐난 너울 한 자락도

내 옆구리를 슬쩍 치며 반올림하고 있어

탁본拓本, 감성어

온실가스가 없는 저녁 바다 새우로 낚은
반달의 아가미에 다섯물이 펄떡펄떡
어쩌면 양주잔으로 한 잔 반의 반주에 걸친
내 키 반 정도 같은 팔십오 센티미터 참돔
한 마리를 하얀 파도 위에 눕히자
날카로운 가시들이 돋친 채 우주 속으로
날아오르려는 최초의 운석

소용돌이치는 북극의 빙붕*이 불쑥
내민 비수처럼 날아올라 내 눈알 속
스카이실링을 치는 소리로 파닥이다 번쩍
번쩍하는 비늘 그 은하중심에서
별의 탄생 같은 기존가설을 뒤엎는 찰나
온몸을 찍어대자 파도는 더 굽이치고 있어

변두리로 빨려드는 별들의 죽음처럼 사라진
남태평양 투발루 작은 무인도의 몸부림
인공위성으로 수몰 확인된 인도의
로하채라 섬*처럼 발작적으로 토해내는

거뭇거뭇한 몸체가 퍼덕 퍼덕거리고 있어

바로 미쳐버린 열 손가락 떨림마저
끊어내며 절정으로 광란하다 쓰러지는
오페라 루치아의 콜로라투라*여

* 빙붕 : 氷棚. 육지에 연이어져 해상에 떠 있는 거대한 빙괴.
* 투발루 섬 : 1978년 영국으로부터 독립한 투발루의 무인도 하나가 해수면 상승上昇으로 1999년에 수몰.
* 로하채라 섬 : 2006년 12월 29일 영국의 신문보도에 의하면 유인도로서는 최초로 수몰.
* 콜로라투라 : 고난도의 기교를 일컬음.

참 다랑어 낚기

당혹스럽게 활발한 팽팽함의 전율
감지하는 반복의 긴장에서 사로잡는 입질
공격해오는 질문들이 지나가고 있어

가짜 학꽁치가 튀는 속임수에 휘어지는
낚싯대 끝자락에서 짜릿하도록 두두 둑 컥!
그만 목구멍인가 아가미가 걸렸는지
치켜드는 바다전갈 꼬리지느러미가
등 푸른 느낌표를 되살리고 있어

이번만은 가공할 파괴력으로 끊어낼 심줄
조바심 앞에 떨리는 파동을 감지하고 있어
미늘 끝의 스릴과 서스펜스의 숨소리…
끊지 못하도록 늦걸음 주기 심줄 되감는 릴
손 빠른 반복에도 끝까지 맞서 버티고 있는
삶과 죽음의 경계를 애타도록 달구고 있어

기진맥진하는 목숨 쪽지로 뜨니 출렁해서
간신히 올려보니 154㎝ 크기 미끈한 천희千姬*

아직도 화끈하게 바닥을 치고 있어 나보고
파안대소하면서 자주 눈 흘긴들 어쩔 거나

* 천희千姬 : 옛 동해바다에 산다는 인어.

칠월바다는

자동 유리문 열고 앞만 가린 채 달려오고 있어
흩날리는 머리카락에 가슴 터질 듯하더니
출렁거리는 감청색 옷자락이 찢어지고 있어

바로 마녀들이 덮치듯이 가누지 못한
허리에 휘감기는 백사장을 끌어안으며
소리쳐 부르고 있어

손 가락지 다이아몬드에 반사되는
비치 파라솔 아래 팥빙수 장수들의 얼음덩이를
가로채 사각사각 씹어대고 있어

발끈하는 함성들을 쏟아내는 저만치
하얀 설탕 덩어리들을 셀카로 찍으려
할 때마다 빼앗아 달아나는 물살들
금세 갈매기 떼로 날아올라 칼질하더니
바다 토끼 간마저 꺼내어 씻어대고 있어

그럴수록 바람은 더 시원하게 불타고—

태양은 토끼풀 위에서 뒹굴듯 윈드서핑 하다
해파리 떼 배꼽춤을 프로타주 하고 있어
모처럼 휴가 온 허 선생도 파도타기하며
허, 허어 헤헤! 헤~벌레해지고 있어

제4부

택배로 오는 바다

바다가 택배 되어 왔어 이름을 달리하여
부쳐온 택배박스 뜯어보고 있어
하지만 그건 그거 아니야

그 먼 길로부터 온 싱싱한 떨림 그대로
진주 목걸이보다 더 반짝이는 바다 속살에
매료되었어 아직도 쌍꺼풀 눈매로 꼬리치는가!

파닥이는 아홉 통가리 돌돔들의 입 벌림에
물굽이는 간만의 밀물 소리로 돌아오고 있어
사공 없이도 깝신거리는 바로 그 멋이야—

왜 낚싯대가 휘어지는가의 물음표를 이제야
알 것 같아 거기에 한 번 걸렸다 카몬
지기뻐리는 기라 바짝바짝 목말라하도록
안달도 걸리면 파닥일 수밖에 없어

캐비지 배춧속을 까놓고 아가미 모양 케첩을
친 그 밑 속 알 아리 채운 채낚시 코 날카로워

혓바닥 침이 부글거리고 있어 깻이파리에
보름달 싸면 빈 잔에도 기울이고 싶어

바다를 쌈 싸 먹는 니泥도 니는 더 잘 암시나!
옆에 누가 있어도 죽는 줄 모른다 아이가
마마! 짭짤한 바다개미 실컷 맛보는 기라

파도에 터진 그물 다시 깁네

궂니 철벅거리는 허리물살 물질할 때마다
가름하여 꽂아둔 깃대 끝은 되러 움츠리는
왜가리가 목을 뽑아주고 있어 오래도록
담근 발목 시리고 저리다 뿐이겠나!

헐렁하여 그물 끝자락 잡아채도 하늘 보기엔
부끄러워서 빈 그물코 훌훌 털어 본들
이젠 물 때도 삐딱해져서 안 맞는 기라
둥둥 뜨는 물비늘뿐 촘촘한 그물에도 간혹
큰 것들은 교묘히 뛰어넘어 달아나는 기라
해파리 춤만 징그럽게 올라온다 아이가
너불거리면서 해파리 춤에 흘러다 보면
허리끈도 풀려 힘 빠지는 날 잦은 기라

설명서 지워진 모자 옷걸이 슬리퍼
넥타이 팬티 그리고 고수 머리카락
폐타이어 모두 바다 메시지인 기라
하얀 쟁반에 심지어 드라이한 내력
제시 안 해도 지레짐작하는 기라

맨살마저 때론 물가는 해금 내난다 카이
헛물만 잔뜩 켠 채 피죽바람에 잠들지
못한다 아이가 뱃전 잡고 생장작 패는 소리
에, 빈 배만 속 앓는다고 꿀렁댄다 아이가

탈기한 채 한복판에 모릿줄만 끌어안고
빠르때기* 얻어맞는 때가 허다한 기라
망연자실하는 때 잦지만 바다 믿고 사는 기라
장나무 몇 개 받쳐도 가누지 못한
통가리 그물 바람 쐬어주면서 깁스한 팔로
까닭 없는 그물코만 다시 기울 때는 낯선
굿니 소리 지석 없이 바다 날씨 묻는다 카이
일부러 허풍 치는 소리 들려주면 꺼진다 아이가
일일이 물질고통 일러 줄 수는 없다 카이!

* 빠르때기 : '뺨'의 방언.

분노하는 바다

결국은 죽은 물고기 눈알에서 만나고 있어
우리 분노들의 기다림일 수 있어
울부짖다 핏발선 깃발이 후미에서 번개와
천둥소리마저 갈가리 찢어놓고 있어
불길한 짐작일수록 배짱으로 묵살해
버리고 있어 그럼에도 파도에 허무하게
빼앗기고 있어 회피하다보면
어류 내장마저 썩은 냄새 진동하고 있어

함부로 배신하여 치명적인 자학을
간 맞추기 위해 소금으로 간질하고 있어
허기진 만큼이나 속수무책에도
생소주만 무진장 들이켜고 있어
갈비뼈를 체에 걸러 흔들어대는
해골들끼리 칼부림하고 있어

못 잡아먹어 응어리 된, 이건 몇천 도의
쇳물에 담금질하여 건져 올릴수록 열렬히
환호하는 해신海神의 체머리가 검붉게

흔들어대고 있어 저 포식자의 범고래파도가
생살 그대로 삼키고 있어 만신창이 된 채
아가리 곡절마다 이빨에 끊어진 그물망 잡고
어로작업 포기각서를 강요하고 있어

누가 버린 폐기물에 엉덩방아 찧고 있어
오히려 어로선의 모든 그물을 돌돌 휘말아
바다에 내던져질 때마다 하늘 향해 아버지!
아버지를 소리쳐 부르는 절곡소리 누가 알까

함부로 어획한 만큼이나 욕망을 더 버려야
살 수밖에 없는, 후회 없는 어부들도 있어
분노하는 바다는 말라가고 있어 어이! 자네
모르기는 왜 몰라? 또 슬쩍 눈 감는 도둑아―

하혈하는 바다
― 적조 보고서

근황에 와서 급속도로 번지는 남해안
적조赤潮 사체들의 사혈死血이여
피투성이로 절규하는 목멤에도
황토만 투하하는 얼버무림 저런!
저래서야 될 일이가? 정말 적조積阻하네.

온통 하혈하는 아! 어머니 차라리 제 칼로
제 살점 도려내어 흩뿌려 주이소.
죽어도 아프지 않을 시원함뿐이겠소.
낯가죽 화끈하도록 체온만 불 켠 노래방
사연처럼 갈치 제 꼬리 베어 먹듯 그것도
당장 안 되는 눈물만 눈뜬 무덤 앞에
매김 질하는 그때 다독임… 가봐야 안다는―

바다수달들이 기만하는 꼬리질로 황토 뿌려도
여름 바다는 물컹물컹 피비린내 아수라장
더 능글거리기는 늦은 망태 마릿수 세어보기
머리 없는 손놀림 계산 보다 하늘 자주 쳐다보는
날씨 이런저런 탓도 도로국밥 집에서는 연방

썰물 지는데 잠깐 밀쳐서 덮어버려 놓고
퍼 담아 묻어버리지 못해 졸속 대가리들

부풀릴 수도 없는 내부 고발자의 진술서
고작 갈매기 떼로 빙빙 도는 날갯짓 어이!
됐느냐고 슬쩍 술잔 밑 포켓에 구겨 넣어준 메모
에, 불 그물에 쌓인 떼죽음 본 나팔수와 무용수들
아무려니 하고 그런 일 없는데도 가려내겠냐고?
내 몫마저 기온 상승 탓으로 돌리는 한해살이
해마다 물타기하는 눈가림은 없었어.

고생만 뼈마디 타고 너울 소리로 아리고
아프다 아이가! 근질대는 바다비늘 긁어대며
간밤 냉수대에서도 벌건 탄식 답답하여 황토
뿌림도 다행이지만 약단지에 사슴뿔
달여 내더라도 새파란 울 어머니 하혈 뚝
그치도록 손잡아주는 파란 물길
하늘 처방 주이소! 주이소―제발, 제발!

선창가에 거닐면

늘 묶은 시간들을 풀고 싶은 정박지점이네
오지랖을 적시는 물살들이 되말려왔다가
훼방으로 가로질러오는 맹종을 보네

모래성마저 먹어치우는 음란한 군더더기들
털어버려도 발바닥에 매달려
안달하는 저 웃음소리 넘어지는데도
뒷모습마저 감추려 배 타네

배보다 먼저 온몸을 떨어대다 밧줄 끝자락을
사리는 차가운 눈빛 안으로 굽이치게
매직 스네이크가 비늘을 털어대네
사리고 사리어 온 내력 물기로
번쩍이는 것도 잠신데 여기서는 너를
불러 보는 몸짓을 모르도록 하네

물살로 지우고 지워도 선연해서 질벅질벅
발자국 소리에 소스라쳐 나네 날갯짓의 저
몸부림만큼이나 들켜도 어쩔 수 없네

허탈하여 혀 내미는 바다

하나가 될 수 없는 경계점을
보여주네 하나 된 둘의 모순으로
꿈틀대는 갈등 보여주네 모욕적인 현실
불안들을 교묘하게 보여주네
파킨슨 증상처럼 부들대며 참는 것
보여주네 억눌린 자유의 아우성들
터지는 것 가리키네 변명들마저 더
길어진 혀 내밀기 비참함을 보여주네
허탈하면서 바다 안개는 목화솜 타듯
빈 배의 눈을 자불거리도록 속임수 쓰네

발목 시린 우울한 물방울들 입 벌리네
열 손가락 다 터지는 피울음으로
울부짖고 있네 내다버린 모든 것 채우지
못한 만큼이나 참아온 몸살 부딪칠수록
문드러지는 억울함을 탄원하고 있네
하얀 뼈마디마다 가시넝쿨들로 출렁거리면서
찔러대는 슬픔이 밑바닥 소금으로 되깔리고
토막 난 스티로폼 플라스틱 미세들이 서서히

바다 혈관을 타고 우리 숨통 조이고 있네

내 용서만 기다리는 저 퉁명스런 불만
더 살고 싶어 찢어대는 그물코에 코피 터진
마지막 한 갈증에 사로잡혀 죽어가는 모든
물고기, 고래, 바닷새 떼처럼 절통하다
갯벌에 밀리는 시체들 그냥 보고 지나치는
저 뻔뻔스런 걸음들 도대체 뭘 하냐?

저것들 보이는가! 붙잡는 구멍뱀고둥, 각시수염고둥, 표주박고둥… 처녀개오지, 기생개오지, 거북손, 딱총새우, 보리새우, 매미새우, 성게, 말똥성게, 홍삼, 멍게, 돌기해삼, 문어들… 몸 비틀면서 신음하네 고뇌하던 껍데기들의 적막마저 짓누른 파리채, 빈 병, 깡통, 폐타이어, 토막로프, 유리조각, 냉장고, 자전거, 외 신짝, 양말, 손수건, 요양소의 다 큰 아이들이 갖고 놀던 주사기, 기저귀, 브래지어, 짝 잃은 젓가락들, 우산대, 장난감 인형들… 오오! 웹 사이트들끼리 뒤범벅 타령을 하네 무자비하게 잘린 바다 관절마저 포식하는 가시거미불가사리 놈들도 눈감아 주네 그 위로 해파리 떼들의 발리댄스로 난장판이 되네 콧물 흘리며 호소하다 뒤집혀지는, 아! 조것들 저렇게 살고 싶어 검붉은 피 울컥울컥 토해내네 분노하고 있네

삭발하는 바다

한적기* 마치고 돌아오는
통발배 안에서 덥수룩이 자란
턱수염을 깎네 면도칼로 쓱쓱 미네
손수 가위로 끊어낸 아이 탯줄
짚에 싸서 달려오는 아내는 거울 속에서
왜 내가 미안토록 웃어대야 하는가?

한창인 칠월바다 달력 넘겨봐도
뜨는 달마저 삭발하네. 몇 번이나
머리채 흔들어 봐도 분명 딸꾹질이
섞이는 울음 마디만 바다 밑에서 올라와
수염 끝에 소름 끼치도록 떨어대네

떨릴 때마다 새카만 바닷새들은
파란 숲 위로 나네 한바다를 떠돌다
웃는 달을 서둘러 배 한 척 또 띄우네
그물질할 때마다 씻김굿 하는 허탈이
찢어지네 터진 손가락 살점마저
바닷물에 질금질금 적셔보네 부르터도

턱수염 적시는 막걸리 웃음으로
길들이네 안주 없이도

성한 손가락 골라 빨면 짭짤한
안주가 되네 이 모두가 버글버글
올라오는 불가사의 불가사리 때문이네

* 한적기 : 한창 때를 일컬음.

희악질 웃음소리 [謔笑] 1
— 군소 이야기

그물로 물살 잡아당기듯이 아홉 물 지는
시간 휘딱 퍼져버린 라면을 먹어도
탈 없는 기생년 속옷 가랑이
덮어주다 본 기라

어느 놈은 눈감아 꾹 참아주고 돌아앉지만
눈치챈 어느 놈은 치마끈 잡고 놀지만
그렇다고 갈바서* 보는 일들을 챙기지 않는,

들끓는다 하여 한 몸 석쇠에 얹어
굽지 말고 어먼데 놈 땀방울 흘린 만큼
푹 삶아 건져 올려 소쿠리에 담아 두면
병풍 뒤에 숨은 놈 제 발로
걸어 나오네 그 검어 퉤퉤한 관능을
움츠리다가 그만 아랫입술 뒤집혀지는
저녁 햇살 건져 올리는지 파도소리에
잘 익은 보라성게알 같은 오렌지 색정

자네 침에 질질 녹는 놋젓가락 혀로

핥다가 훗국물꺼정 홀~ 후루룩 마시다가
혀 데여 저 엄살 비틀거리는 허튼 춤에
구역질할라 치마 끝자락 잡고
어르다가 헛물켤라 겉물 싸겠다!

* 갈바서 : '참견하다'의 방언.

희악질 웃음소리 [謔笑] 2
— 먹이사슬

물 때를 만나면 나는 더
시시콜콜해지기 위해 너를 향해
혀 내미는 쥐치가 되고 싶어
일부러 나비넥타이 매고
만지며 요리한 웃음쟁반을 들고

다가오는 나의 어깨 너머 먼저 나온
거울 속웃음 위에 놓인 해파리 요리
전혀 다른 느낌으로 비친 또
하나의 거울 등지고 앉아도 내 등을
향한 응시 속 투명하게 겹쳐오는
물살 무늬 말미잘 웃음으로
가리는 유연한 광대 짓거리

나팔고둥이 불가사리를 먹어 치우듯이
아주 작은 이빨로 질투하는 쥐치가
야금야금 갉아 먹고 있어
춤추는 해파리 웃음마저…

* 쥐치는 해파리의 천적, 불가사리의 천적은 나팔고둥임.

해파리 춤

여태껏 놀란 것 중에 또 놀라는
땟국 질질 흐르는 내 넥타이를
불태우는 카니발에 모여든 유령들
불꽃놀이 한복판을 짓밟는
그로테스크한 누드 패션쇼를 보네

싱싱한 군살이 겹쳐지는 눈알도 그
여자의 알 방둥이 숨기다 튀어나와 버린,
또 다른 목격자를 따돌린 그 동굴에서
부닥친 이빨에 기생하는 무관심까지
우뭇가사리로 만든 한천 회를 쳐서
민망한 실핏줄이 화끈거리도록
달아올라 터진 클리토리스에 물든
핑크색 웨딩드레스 펼치는 바다 곁에
그중에서도 우산 쇼를 보네

다시 보면 드라이 모발을 위해
돌리는 선풍기에 넥타이가
내 모가지를 휘감다

김삿갓 갓끈처럼
너울너울 춤추고 있네

리메이크, 거대한 바다입술

저기 보라카이*
대장간에서 막 꺼내 수천수만
두드려대다 담금질하고 또
담금질하는 너울 어쩔 거나!

스푸마토 연옥이 따로 있나
갈가리 찢어진 입술에
휘휘 뿌려대는 바다소금질
모래와 함께 삶은 소금물에
질금질금 적실 때마다
너무 아프겠어, 너무 아리겠어!

썰물 잡힌 갯벌에서 모든 은유를
동원한 컬러안개꽃잎들끼리
청바지콜라주를 위해 박음질하다
다 터져버린 조개입술 내려다보는
현란한 밤하늘 눈빛이 일탈하는 여유로
유별나게 바다입술 꿰매고 있어—

그렇구나! 더 뻔뻔하게 혀 내밀며
웃어대는 요염한 메두사 입술 다시
맥스 리제르바 포도주 빛깔로 불타고 있어
너무 화끈 화끈거리다 터져버리는 욕망
저기 보라카이 섬이 아니라도 보라카이―

* 보라카이 : '보라카이 섬'이 아닌 '보아라'의 방언.

끊어진 해안선

나의 소식은 바깥에서 돌릴 수밖에—
흔들리는 고층 건물 숲에 걸려 있는
잘린 토막들이 거미줄에
걸려 실룩거리고 있어

바람이 불 때마다 시선들을 모아
일렁거리고 있어 갤러리 벽면에도
잘라진 그림 사진들도 정지된 폭발물이네
그럴수록 대세 순응주의자들은
거부하지 않고 아름답게 잊어버리려고
응시하고 있어 유혹하는 건너편 감청색 굴절
쇼들이 간신히 이안류로 탈출하는데

성공했을까?
간헐적으로 파도 톱니바퀴에 잘릴 때마다
비린내와 비명 소리에 몰려와 왜? 왜?
가ㅲ가ㅲ하는 괭이갈매기들만
쫓겨날아야 하는지 되묻고 있어

하얀 가시줄장미꽃 위로
떨어뜨리는 마술 놀이
마술사에 속아 간肝마저 꺼내주며
박수치고 있어 가랑이 아래로만 피뜩
지나가는 거 보는 동안

야시장 묵자골목끼리 눈 구정
맞추는 거 훤하다 뿐이겠나
빌딩 옥상 크로스컨트리 우두커니 푯말만
더 피곤하게 기다리도록 세워놓고
위로하는 촛불 너머 거대한
포크만 움직이고 있어

이미 뭉개진 시퍼런 우리 눈알
실핏줄 잡고 유족처럼 성난 파도들이
달려들며 분노하고 있어
해안도로를 달리는 헤드라이트 불빛도
최초의 바다 날갯짓은 찾을 길 없어

사람들은 멈춰 선 채 아아, 아아! 하고 있어
아! 아름다운 오색실타래가 끊어졌어…
통가리, 통가리네 김 기사, 차 돌려야 하겠어

제5부

물벼랑 떠올릴 때는
— 사도마조히즘에 대하여

거대한 손에서 천둥 벼락 치는 소리
들었을 때 울었다나는 시퍼렇게
낭떠러지 밑에서 발버둥치며
위로 쳐다보았을 때 정방폭포 같은 줄줄
타 내리는 생크림을 핥으면서 또
울었다나는 번쩍 들어 올리는 누군가의
도움보다 어디로 내던질 것 같아
매끄러운 물 벼랑을 껴안고 절규하였다나는
내려다보는 여인의 코끝 너머 반짝이는
우주를 처음 보았을 때 살고 싶어 한없이
그쪽으로 헤엄쳐 갔다나는
까마득한 목울대를 만져 보면서
입맞춤해준 뜨거운 입술에 포개고 싶었다나는
더 본능적으로 배설의 늪에서 나오는 물 묻은
여인의 젖가슴을 파고들 때 바다 쪽에서
날아온 바다독수리 거대한 날개로 덮쳐
챔질해 갈 때 소리쳤다나는 검은 머리칼로 푸
른 초원에 서서 웃고 있는 어머니의 젖꼭지 속에
숨어 있는 아버지를 발견하고 무서웠다나는

낚아온 벵에돔을 칼질하는 어머니도 물벼랑
틈새에서 처음 본 군소*의 모호한 광채까지도…

* 군소 : 바다에 서식하는 자웅동체.

우울증, 바닷소리

대밭 숲이 있는 우리 집에서
이 광막한 한복판까지 끌고 와서 여태껏
화를 잘 내는 너는 내 얼굴을 펴는 날 못 봤네
와사증으로 입술 눈 돌아가 실룩거리는
개 구석 찡그리는 미간眉間 옆에
그물질할 적마다 갈매기 똥 구르는 내 눈알은
두려움에 일그러지네 또 누가 수평선을
주름잡아 피어싱하는 손놀림 덮어씌움 하는
헛바닥으로 밀며 딱딱 씹는 껌 허연 앞 이빨로
쭉 뽑아 늘어뜨리며 다시 딱딱 씹네
한 입 빨아들인 바람 섞어 이 갈며 내뱉기도 하네

철벅이며 뛰어오다가 갑자기 넘어지는
아우성 소리… 비닐하우스가 뒤집혀 버리듯
찢어지며 펄럭일 때마다 꺼억, 꺼억 바닷새들이
불안과 탄식을 먼저 토악질 하네
고래들이 내뿜어대듯 섬 벼랑들이 삽 들고
나서서 내 머리 위로 퍼 넘기는 얼음덩어리
마구 흩뿌리네 자꾸 하품하는 미치광이 옷

벗어 휘둘러 새 쫓고 있네

달달거리는 재봉틀로 돗폭 깁듯 감쳐

박아오는 물발 지 지 찍! 유리 끊는 칼에 내

너털웃음은 작파斫破되네

내 희끗한 수염 끝에 매달렸다가 부서지네

굴 껍질

던지지 못하는 정박지점에 닻의
조울증처럼 해조 잎을 빨아먹는 군소
민달팽이 같은 촉수를 치켜든
공중만큼이나 하얗게 말라버린
발바닥의 점액 안으로 움츠린
억압들이 남긴 잇몸들 얼핏
얼핏 그 언덕에서 잃어버린
어떤 가사 상태들이 되살아나는
무시무시한 해안 굽 턱에
숨겨온 내 조각난 외상들

한 부분을 되돌려 받지 못한
어느 중심의 뒷걸음질이 속아서 살며
도려낸 흉터처럼 뻐근해질수록 깊어진
통증은 굿니 너울 덮어도 더 이상
나눌 수 없는 삭다 남은 이빨들

누릿한 햇발처럼 기억들이 흔들
흔들거려 맹종하던 윗대의 발바닥

군살처럼 엉덩이 쪽에 부스럼으로
너무나 간핍艱乏한 해골만 핥아대다
하얗게 타 벼린 '뭉크의 절규'여

바다는 텔레비전에 신나게 뛰고
— 어시장 중개인의 증언

필연적인 부분에 탐탁지 않은 눈알은 멈추는데
때아닌 먹 뻐꾸기 가까이 와서
귀 후비는 짓은 뭣인가 아뿔싸! 박제된 땀방울
흥정에다 뒷구멍 파는 소린가

그날 저녁처럼 최루탄 같은
빚쟁이들이 몰려오는 만큼 되팔아 넘기는
배추이파리만 내날리는 장날에도
순두부된장국에 조금 밥* 먹는 놈이 있어?
옴 붙은 놈도 도매금에 넘어가는 헛웃음 판에

번번이 헐뜯는 미궁의 싱거운 재미, 요사이
고기상자 고양이에게 맡길 사이나 있던 기오!
이미 생쥐들이 머리부터 갉아먹은 뒤라 카니까
지금도 가까이 다가오는—
실명 없는 하얀 그림자 위에 강요당하는
서명 날인 그래도 쪼끔은 웃어줄 거라는
기대심리 과연 그는 누구일까

* 조금 밥 : 바다의 조금물 때는 물고기들이 밥을 잘 먹지 않는다 하여, 갯사람들도 잘 먹다가 조금 밥을 먹는 이가 더러 있어 일컫는 말.

하늘이 그물질하는 기라

저 장담하는 바닷소리 잡고 꼰 해* 있어
가름해 내던지는 부표 띄우는
아리*마다 아시타고 있어
죽은 물발이 되살아나고 있어
물 때 물 자락끼리 싸우고 있어
본시 지그대로 살기라고 거대한 입
벌린 것도 것 탐질하는 기라

바다웃음에 속을라 마마 내사 마!
헛바닥 쩍쩍 갈라지도록 입담 센
물발 보면 시원해서 여태껏 사는 기라
마이* 속아도 이 맛으로 풍덩 풍덩해서
파도야 니 어깨 뚜드려줌서 산다는 기라

한 뭇 두 뭇… 한 동 두 동* 한거슥* 퍼 담는
희열도 허리춤인 기라 다 퍼주면 남는 거야
어디 있냐마는 마마 내사 마! 짜칠* 때는 그만
방등이 주 차뿌까 싶어도 애처롭게 웃어주는
문디이 가시나 정분에 넘어가 산다 아이가

철벅거리는 그놈의 너울파도가 끝박아도
살살 끓는 정을 한 팔등이* 부석케* 집어넣듯
설설 우다* 주면 기가 차게 잘잘 타버리는 기라
좀 축축하게 추져야 불살이 더 세다 카이

가마솥에 절절대는 물방울소리 고것들
소죽 끓일 때는 한 손가락 피가 칠칠해도
마마 내사 마! 몽창시리* 시원해서 좋다 카이
뿔고둥들 헛바닥보고 창시 없는 문어가 우쭐
우쭐 춤추면 끝내주는 속풀이 해장국에 철철
삐자 넣은 떡가래처럼 뼈마디가 자근거리는 기라
마마 자근거리다 노곤해지면서 시원타 카이

활활 불 질러 봐도 입도 빵끗 안하는 기라
간밤 샛바람에 밀린 통대구들이 거적때기*에
돌돌 말려 제피(잘피)새에 떠다니면서도 빗대는
해골바가지 즈거끼리 물자배기 물 때에
입 맞추면서 그물 성글다고 웃어대는 기라

물 칸마다 고것들이 허들시라* 뛰고
퍼덕거리는 걸 보면 각시야 니 생각이 나서
짐대 도르래만 다 닳아버렸다 카이
능글능글 배질에 옷자락 휘감는 물발에도
니 젖팅이 생각만 했다 아이가
마마 배가 거꾸로 갈 뻔했다 아이가 억수로
벌어들여도 입 부석 아구지 때문인 기라

그거 다 뭐신지, 어림도 없었다 아이가
마마 머신지 감당이 불감당인 기라
천지 뻐까리* 뻐까리라 해도 불판인들
걔가 가가 아니더라도 다 안다 카이
바다도 하늘그물은 다 알고 있는 기라

사는 짓짓이 어디! 지 생각으로 되는 줄 아나
하늘이 그물 내려줘야 되는 기라 카이

* 꼰해 : 긴장하여 '직시'하는 의미의 방언.
* 마이 : '많이'의 방언.
* 아리 : '낚시 채움의 거리'를 어부들이 일컫는 말.
* 한 뭇 두 뭇…한 동 두 동 : 물고기를 셀 때 일컫는 말.
* 한 거슥 : '한가득'의 방언.
* 짜칠(때) : 곤경하다의 의미인 방언.
* 한 팔둥이 : '한 아름'의 방언.
* 부석케 : '부엌에'의 방언.
* 우다(주면) : '보호'하다를 일컫는 방언.
* 몽창시리 : '몹시'의 방언.
* 거적때기 : 주로 짚이나 밀대로 엮은 자리를 일컬음.
* 허들시리 : '매우', 또는 '되기 부풀어서' 등의 의미를 일컫는 방언.
* 뼈까리 : 사방에 '빽빽이 있다'는 방언.

터닝 포인트

춤추며 얼음덩어리를 씹어대는 바다
굶주린 한 손으로 밧줄을 또 한 손에는
그물코 욕망을 꽉 잡고 이빨로 덜덜 갈며
대바늘로 깁는 나를 보고 빈정대면서
한 번 더 당기는 바람에 물발은 가름해주지

실은, 물구나무선 바다는 둥지느러미가시만
돋치겠어? 그물망을 되 말아대는 바람이
채찍질해도 오히려 바다는 자네 목숨 위해
바람에게 용서를 빌고 빌잖아?
손마디 터진 피가 뚝뚝 흘러도 벌떡거리는
아가미 숨결 보여주는 자네의 욕망일수록
바다는 더 엇갈리는 가슴사리 물자배기* 그것도
큼직큼직한 눈방울만 볼가서* 무르춤하게
갑북갑북* 죽음을 채워줄 때는 두려운 물기둥
돌연히 덮치는 공포 여러 번 당해 잘 알잖아?

난류성, 한류성 길들인 자네 누가 좋아하겠어? 바다보다
하늘이 더 좋아하잖아! 그것은 보령대구 노가리 고시래기

풀치실 고도리 연어사리 잔사리 마래미 껄떼기 꽝다리들 보면 바로 바다로 되돌려 보내는 자네 마음 본 바다가 그만큼 보답하잖아 그럴 적마다 바다는 자네 유년을 굴리는 굴렁쇠로 뛰어와서 반쯤 채운 투망 잡고 함께 조잘대며 웃잖아 자네 만선滿船 욕망 내려놓을 줄 아는 희열 저보레이 아리랑 춤추고 있잖아

    바로 자네 사는 현주소 아리잡고 아리는 그대로네
    다 못 채운 그물에서 바다 애착은 더 강렬해지네
    욕망 부리지 말라고 풍랑을 보내서 그리 당부해도
    미련스런 자들은 바다를 둘러봐도 볼 수 없네
    늘 바람보다 더 빨라야 살 수 있는 기라 내일도
    좋은 날이라는 걸 그렇게 타일러도 눈치 없으면
    아! 널름 삼킨 바다만 슬퍼서 절규하고 있잖아—

* 물자배기 : 어부들이 밀물·썰물의 교차시간을 일컫는 말.
* 볼가서 : '밝아내다'의 방언.
* 갑북갑북 : 가득 가득의 방언.

밥숟가락 보면

젖꼭지에서 떨어지는 젖! 젖이라도
젖을 먹지 않고 빤히 쳐다보던
어머니 가슴사리에 노닐던 내 유년기가
잃어버린 만큼이나 그물질하고 싶은 충동질

배를 타고 바다로 가면 날뛰는 참치[鮪魚] 떼
늘 먼저 내던져오는 당혹한 물음표들
두려움을 지우는 호기심 속으로 몰려오나니

가쁜 숨소리 붙잡고 오리 떼처럼 자맥질도 하고
창칼 휘두르는 청마 백마를 타고 날뛰었지만
토막 난 헛웃음들만 이제 하얀 부표로 떠 있어
끝까지 버티고 살아야 하는 백내장 같은 응시에
지쳐 누런 눈곱들만 자꾸 끼이고 있어

그래도 그 도시의 저녁 불빛 울분을
막사발에 부으면서 아버지를 더욱
사랑하였기 때문에 갯바위 잡고 반복하는
바다 멀미를 돌아서서 울먹이다 토해냈어

끊어진 내 어머니의 탯줄 못 잊어 불러보는
닻줄이 이름 작두로 끊으려 할 때마다
누군가 내던져주는 또 하나의 홋줄에
맺히는 눈물방울로 떨어졌나니
줄줄 내 아이들 밥숟가락에도

나를 움직이도록 하는 것은 바다네

아직도
수천수만 번 바다가 손짓할수록 궁금하네

손짓할 때마다 베링해 파도 깊이가 두려워지네
역동적으로 항진하는 내 외침을 유혹하고 있네

절벽 강정 높이를 질투하는 성난 파도
150층의 빌딩을 무너뜨리면서 덮쳐오네

욕망의 발톱 새에 빛나는 태양을 불태우네
언제나 내 심장 꺼내 달라고 으르렁대네

협곡 속에서도 윽박질러대네 애매한 화두로
나를 향해 처절한 혈투하기를 오기로 선동하네

S기항지의 백파 메모지

킬킬대는 말똥성게 수염들끼리 니털웃음
목구멍에 걸려 웃어 대네 탈났다하면 배도
흥분해서 산호밭을 향해 일부러
삐꺽대면서 네온 불빛을 향해 항진하네
닻 던지자 물개처럼 날아서 뛰어내리네

유리컵 물방울이 미끄럼 타듯 달빛 출입문
열고 가슴지느러미로 박수 치며 들어서네
번뜩이는 흰 눈깔 백상아리 두 마리
꼬리치네 비린 냄새를 휘몰며 다가오네
날카로운 이빨 보이며 날씬하게 헤엄쳐오네
유리컵 얼음덩이를 와삭와삭 깨면서
간드러지게 웃어대네 참치의 생피 같은
위스키를 아찔하도록 잔마다 부어대네
헛웃음 사이로 일부러 아까운 핏방울
떨어뜨리네 브래지어 미끼를 저만치
내던져 보이면서 물개 콧구멍들 흥분시키네
허벅지 사이 가운데 다리 한 입에
삼킬 듯 노려보네

바다 안개가 밀려오며 부르르 떨어대네
미리 구석에 움츠린 몇 마리 갈매기
날기 시작하네 소용돌이치는 스콜무덤에서도
만신창이 된 갈매기 훌라춤이 밴드 소리와
담배 연기에 헝클어지네 파도너울 되받아넘기는
갈매기 헛웃음에 젖가슴 더듬는 몇 놈
그만 상어 이빨에 물려 살점 덩어리
떨어지는 소리하네 시원한지 입 벌린 채
웃다 금세 상어 입안으로 사라지네
아직도 남은 살점만 탐하는 암갈매기
빈 포켓에 입술로 더듬어대는 새벽 2시
벌써 황천항해는 시작되었네

사고뭉치 한두 명도 하얗게 몰려오는
참치 떼보면 벌떡 일어나 어로작업은
끝내주네 휘어지는 어젯밤 콧구멍 앓는
소리 흉내 내면 다들 웃어 대네. 헤이!
물개 자네도 어제저녁 비참하게 다 털렸구나!

―아니기는 뭐가 아니랴? 어찌 아는지 묻지 마
잔술 메모지는 갈매기 떼 날갯짓이네 저것 봐!
백파白波* 고년들이 스카프를 흔들고 있잖아
그리운 자네 찾아 날아오고 있어…

* 白波 : 여기서는 '도둑'을 뜻함.

다시 출항, 텃밭을 향해

검푸른 담즙의 거품 내뱉는 수평선을
걸걸하게 휘몰이하면서 벗지 못한
군청색 롱 패딩 입은 바다 물굽이
선들선들한 시간 곡선 삼키며
청동 쟁반 위로 떠올리는 0과 1의 태양

황금귀걸이 출렁이도록 윈드서핑
할 때마다 피둥피둥해지는 바다 등허리
긁어줘야 시원해지는 또 하나의 발톱들
날카롭게 갈고 갈아끼워주는
돌고래 떼와 배의 속도가 내통하는
통쾌감으로 갈아 눕히면서

모든 갖춤 새 선구 점에서 새로 실은
물과 어구마다 버금되는 물 때 충분하게
맞춰보는 그물망과 통신망을 체험으로
연결된 배의 중심 잡는 조타실의 키와
나침반 등 모든 기기작동에 생사 걸고

회오리바람과 황천항해의 돌발 변수
갈림길의 아우성을 한 치의 오차 없이
또, 또 점검하여 클리노미터Clinometer에
나타나는 기울기 35도 전의 바람 속도와
파도의 각도를 발 빠른 속기로 격파시키면서

마닐라로프 구명밧줄 챙기는 바다 성질
배짱보다 질펀한 노스탤지어 순환 고리
바닷새와 돌고래 눈웃음처럼
사랑할 수밖에 없어 텃밭 다시 누비면서

언젠가 사람도 바닷속에서 살 수 있다

바닷속에서도 아이들이 맛볼 수 있게
주렁주렁 열리는 청포도밭을 가꾸는
꿈을 자주 꾸고 있네
바닷속에서도 살 수 있는 순백한
아이들 탄생을 나는 믿기 때문이네

먼저 썰물이 자주 뒷걸음질 치더라도
동구 밖으로 과감히 나와 마당발 힘으로
하늘 숲을 끌어내리는 바다가 더
출렁대는 걸 자주 보고 있네

활기찬 새 떼 저절로 날아와 노래 부르다
물고기 떼로 헤엄치는 걸 가끔 꿈꾸고 있네
하늘배꼽 보여주는 숲 물결 위에서
황금빛의 외침들이 너울 속을 확 까발리네
거대한 바다거울에 신통한 에너지 덩어리 꺼내
미래의 길을 보여주네 이제

우리는 아가미를 창조할 수 있네

바다 깊이에서도 터득할 수 있는 지혜는
완성되었네 바다로 가고 싶은 아이들에게
고래가 살아온 이야기부터 구체적으로
전해야 하네 어릴 때부터 물속에서 헤엄치면서
어머니가 바다임을, 그리고 양수 품은
모성적 공간에서 체험토록 해야 하네

미래는 아가미가 생긴 사람들끼리 만남도
예사일 거세 사람과 물고기는
가슴이 뛰는 곳에 살 수 있으니까

승선일지 비고란 특기

받고도 되돌려주지 못한 너울파도
아홉 물발은 쑤시고 결리어서 으스러지는
고통을 호소하는 물 때가 퍼질러 앉아 울고 있어
빛나는 황금파도들이 꿈틀대는 동안
통증은 시원하게 터져 고름으로 흥건해 있어

배의 고물 따라온 흰 거품들이 서로
지랄하다 박살나면서 비비꼬이며 끌려가는
뱃길 꼬리는 길어지며 늘어지고 있어
항진코스의 도마 칼은 파도를 툭아내고
긴 항해는 불안으로 계속되고 있어

젊은 근육질만 탐내는 골수적인 바다
가장 고독한 포로라고 손가락질하고 있어
갈매기 날갯짓과 뒤섞일 때마다 간사스런
속임수의 눈짓 유혹에 홀리면 절대 안 돼
안 돼 할 때마다 물 때는 도망치고 싶었지만
그물망을 피해갈 수는 없어 오로지
텅 비어 있는 파도 골로 몰려오는 참치 떼를

리얼하게 레이더망에 잡히는 싱싱함을
혼합현실(MR) 동영상처럼 파닥이는 지느러미들
클로즈업 펄떡이고 있어 작동되는
센스그물망으로 포획되는 걸 볼 수 있어
터억 틱! 막아선 너울 파도 거세게 버티어도

그물망이 물발 당기기 시작하고 있어
뼈근하도록 근육질은 속물적이어서
깔깔대는 웃음 떼어낼 때마다 날아오르는
갈매기 떼 그물망 위로 선회하고 있어
갈매기들 잔소리에 바람이 휘파람불고 있어

(뜻밖에 막스 자코브*가 대뜸 나서며 바다 중량에 45리터의 물과 내통한 갑판장 DNA를 질문하고 있어 그에게 허락하지 않는 "핵산과 추억과 꿈과 단백질과 세포와 단어를 더 이상한 혼합"에서도 피상적인 생체에 대하여 물어왔어 두꺼운 내벽을 뚫을 만큼 '폭발적인 캡슐' 같은 똥통 체험을 포획하려는 끈질긴 집착에서도 '1억에서 10억 사이의 시드seed'를 사정해온 물고기)

막연히 믿는 미련에서 갈등을 떨칠 수 없어
빠르게 뒤바뀐 조류에 처박혀도 껴안아
올리듯 그물질에 신나는 신神들은 두 손으로
움켜잡아도 물컹하게 빠져나가버렸어
먹지 못한 채 빙하의 흰 뱀처럼 혹독한 겨울
땀방울들이 끄트머리 생각으로
헤엄쳐오는 착각에 빠져 자주 눈 깜박이면서
더 이상 모른다고 씩 웃을 때
4억 년 전부터 유전된 샤크 상어이빨처럼
노려보는 저승사자들 이빨 앞에서 끈질기게
물고 늘어지고 있어 브리지의 키 잡아도
부러트리려고 마구 좌우로 흔들어댔어

늘 등 굽게 살고 싶지 않은 아우성들
몸부림칠수록 생체들을 밧줄에 묶고 있어
솔직하게 써보고 싶은 바다 시 한 편도
못 남겼어 완벽한 계산은 아니지만 일부
촬영된 동영상에만 있는 나의 걱정은

새바람 불알 통증으로 실룩거리고 있어
아가미에 음각된 낮은음자리표처럼
물고기 쌍꺼풀 눈깔들이 몰려오고 있어

아래로 더 낮게 떨어지는 꼬리에 닿는 허기를
감지하고 있어 말하자면 물이 서지 않는
힘없는 오줌 살이 한 자릿수로 엑스터시 했어
궂니 너울에 공격당할 때마다 너무도 아픈
상처 고통이 가중될 때마다 자꾸
일심동체만 부르짖는 '바다 사나이'*가
서둘러 챙기며 호명하고 있어
이겨낼 수 있었던 무서운 파도를 이미 도려낸
심장을 집에 두고 왔기 때문에 다행이었네
헬리캠* 같은 아비새 떼가 몰려와 우리를 또
촬영해줘서 고마운 감격은 손마디에 남아 있어
그 아픔 틈새마다 파도 칼이 회쳐 갈라진
손마디 사이로 질주하고 있는 조랑말들
갈퀴에다 긴 한숨을 맡겨 보기도 하지만ㅡ

처음부터 뚱딴지 같이 선장키를 잡은
2등 항해사 만선에만 몰두하는 고질병보다
두려움에 가득 찬 겁쟁이 당장 그물 한쪽
끊어내라고 호통치고 있어 미리
물 칸마다 생사生死를 반반이 채우라고 할 때
만감이 교차하는 아! 덴스 포그에 서로 껴안고
눈웃음치던 눈물을 그대로 써두었어 그것도
바다는 알고 갈매기 떼로 손짓하고 있어……

* 막스 자코브(Max. Jacob, 1876. 7. 12~1944. 3. 5) : 프랑스 의 시인. 비평가. 1970년 화재로 소실됐지만, 몽마르트르 언덕의 라비냥 가13에 있었던 피카소 집을 '세탁선'이라고 이름 붙여, 오히려 그의 별명이 되었고, 익살과 감정 토로에 능수능란한 모순 가득한 시인임.
* 바다 사나이 : 영화 캐리비안 해적에 나오는 문어 모양 데비 존스가 한 여자를 사랑한 나머지 너무도 많은 상처를 받아 자기 심장을 도려내어 '망자의 함'에 넣어 잠가버렸기 때문에 더 이상 상처를 받지 않게 되었다. '바다의 사나이'는 데비 존스의 별명이다.
* 헬리캠helicam : 드론에 장착하는 헬리콥터와 카메라의 합성어다.

차영한의 시세계

의미와 비의미 사이의 항해

김미진

(문학평론가 · 부산대 외래교수)

"아직도/ 수천수만 번 바다가 손짓할수록 궁금하네"(「나를 움직이도록 하는 것은 바다네」), 시집 『황천항해』로 돌아온 차영한 시인의 속마음이 아닐까 싶다. 통영 출신인 시인은 통영수산고등학교 어로과를 나와 육군에서 전역한 후 어선을종 2등 항해사 자격으로 원양어선에 오른다. 뱃멀미 때문에 장기승선을 못하고 말지만, 길지 않은 그 시간은 시 속에 수시로 소환된다. 시인의 상상력은 초현실주의자들처럼 거침이 없다. 전통적인 유사성과 근접성의 은유 대신, 의미와 비의미 사이의 아찔한 경계를 넘나든다. 전복적인 언어유희 속에 그로테스크한 환상의 바다가 펼쳐진다. 그것은 관념에서 해방된 바다다. 누구도 꿈꾸어 본 적이 없는 새로운 바다다. 시인은 현실을 해체하는 기이하고 낯선 언어로 바다를 재구성해낸다.

1. 감각적 언어와 "담금질"

새로운 바다에서 먼저 눈에 띄는 것은 감각의 혁신이다. "…(중략)… 뾰족한 칼이 된 하현달에 새벽비늘/ 뽐내고 있어 수박 껍질 냄새 같은 비린내들/ 톡! 코를 찌르고 있어", "황금벌레들이 머리 치켜들고 경쾌하게 굼실/ 굼실 헤엄치도록"(「새벽바닷물보기」), "함부로 버린 휴지들이 갈매기 떼로/ 환생하고 있어"(「너울발톱」)처럼 굳어버린 관념을 비트는 초현실주의적 유머가 독자를 즐겁게 한다. 독자는 "별"이 어떻게 "물고기 떼"가 되고, "하현달"이 왜 "뾰족한 칼"이 되는지, "수박 껍질" 냄새가 어떠한지 떠올리고, 일출의 바다를 헤엄치는 "황금애벌레들"이 무엇인지 스스로에게 묻는다. 시인이 던진 수수께끼의 답은 그리 어렵지 않다. 탐색의 과정은 현실의 유쾌한 전복을 유도하고 해방감은 마땅한 보상이다.

그러나 "채낚시 줄 봇돌들이 턱주가리를 칠 때마다/ 흩어지는 물방울에서 무지개서는 구역질 멀미/ 호소하는 갈매기 떼는 사과껍질을 벗기고 있다"(「파랑주의보」), 그리고 "내 키 반 정도 같은 팔십오 센티미터 참돔/ 한 마리를 하얀 파도 위에 눕히자/ 날카로운 가시들이 돋친 채 우주 속으로/ 날아오르려는 최초의 운석"(「탁본拓本, 감성어」)에서처럼 유추가 한층 어려워지는 수수께끼도 있다. 바다는 본질적으로 이성과 논리에 강하게 저항하는 공간이다. 다시 말해, 속성상 환상적인 이야기를 풀어내는 데 용이한 공간이다.

> 고래들이 내뿜어대듯 섬 벼랑들이 삽 들고
> 나서서 내 머리 위로 퍼 넘기는 얼음덩어리
> 마구 흩뿌리네 자꾸 하품하는 미치광이 옷
> 벗어 휘둘러 새 쫓고 있네
> 달달거리는 재봉틀로 돛폭 깁듯 감춰
> 박아오는 물발 지 지 찍! 유리 끊는 칼에 내
> 너털웃음은 작파斫破되네
> 내 희끗한 수염 끝에 매달렸다가 부서지네
> ―「우울증, 바다소리」 부분

> 태양은 토끼풀 위에서 뒹굴듯 윈드서핑 하다
> 해파리 떼 배꼽춤을 프로타주 하고 있어
> 모처럼 휴가 온 허 선생도 파도타기하며
> 허, 허어 헤헤! 헤~벌레해지고 있어
> ―「칠월바다는」 부분

> 썰물 잡힌 갯벌에서 모든 은유를
> 동원한 컬러안개꽃잎들끼리
> 청바지콜라주를 위해 박음질하다

다 터져버린 조개입술 내려다보는
현란한 밤하늘 눈빛이 일탈하는 여유로
유별나게 바다입술 꿰매고 있어―
　　　―「리메이크, 거대한 바다입술」 부분

　시인은 "컬러안개꽃잎들", "청바지콜라주", "바다입술", "얼음덩어리", "미치광이", "유리 끊는 칼"과 같은 주관적인 바다의 조각들을 마치 "콜라주"처럼 결합한다. 유사성, 인접성이 보이지 않는 페티시적인 이미지들이 어지럽게 이어진다. 앙드레 브르통이 말한 '객관적 우연', 다시 말해 무의식과 현실이 만나 나타나는 결과라 하겠다. 이 기표들은 "프로타주"처럼 파편 상태로 드러나는 미지의 세계, 이른바 초현실의 재현이다.

　"파도들이 갑자기 갑판 위로 뛰어/ 오르고 있어 그럴수록 마스트깃발은/ 물개처럼 손뼉만 자주 치고 있어"(「풍파」), "풍향풍속계를 파괴하려는 거대한 바다 터럭손/ 상어이빨을 쑥 뽑아 와류渦流를/ 치켜올려 보여주고 있어"(「풍랑조업」) 등에서 볼 수 있듯이 시집 곳곳에서 관찰되는 전복적인 유머는 이어지는 수수께끼의 피로감을 적절히 풀어낸다.

　그리고 돋보이는 또 다른 새로운 언어는 바로 바다의 몸이다. "장딴지 위에까지 바지를 말아 올리는 바다"(「파랑주의보」), "파도가 크리스털 잔을/ 내던지고 있어 물 때는 격렬하게/ 솟구치고 있어"(「뱃멀미」), "물구나무선 바다는 등지느러미가시만/ 돋치겠어?"(「터닝 포인트」), "몸놀림하다 수평선을 스스로 끊어버리고/ 미치고 있어 치솟는 근육질 불끈거리도록/ 옆구리 찌르기도 하고 있어"(「항해하면서 1」), "너울은 지석 없이 이빨 갈아대고 있어/ …(중략)…/ 빙빙 돌려 흔들면서 말뚝 컵 맥주 거품을 쭉쭉/ 들이키고 있어 마실 때마다 덧니도 보이고 있어"(「풍랑주의보」), "그간의 오만과 편견의 창시를 싹둑 잘라 버리는/ 후련하도록 퍼붓는 욕설을 냉혹하게 후려치네/ 뱃전을 달구는 격렬한 파도자락 근육질 보네"(「어로선에서」)에서처럼 시인은 바다를 "근육질"의 단단한 몸으로 그린다. 흐르다가 "근육"이 되는 그 모습이 마치 액체였다가 금속이 되고, 금속이었다가 다시 액체가 되는 영화 속 터미네이터를 떠올리게 한다.

    배 만져줄수록 부풀어 오르는 복어처럼
    뽀드득 이 갈며 삐걱대는 배
                     ―「파랑주의보」 부분

    마구 숨통을 쪼개듯 생장작 패는
    파도 자락이 유인하는 수많은 병마와
    병졸들을 휘몰아 험준한 협곡에서 굴러
    떨어뜨리는 바윗돌들이 처절한 아비규환까지
    함몰시키는 탕탕 탕 뱃전을 칠 때마다
    덜컹 덜커덩 삐거덕삐거덕 쩍쩍―
    체인 케이블의 파열음 들려오네 함께
    울부짖는 선체 자주 멈칫거리는 엔진 소리

아찔한 현기증마저 찰카닥찰카닥
죽음을 미리 필름에 담아내고 있네
─「황천항해」부분

  가공할 파괴력은 마찰과 파열의 소리로 극대화된다. "생장작"을 패듯, "파도 자락"이 뱃전을 "탕탕" 때리고, 사방이 "삐거덕"대고, "덜커덩"거리며 "쩍쩍" "파열음"을 낸다. '철썩 철썩'하기만 하는 관념 속의 바닷소리가 아니라 살아 펄떡대는 바다의 소리다. 청각적 이미지는 시각보다 훨씬 더 효과적으로 파도의 에너지를 환기한다. 다음으로 독자의 시선을 붙드는 것은 바로 "시퍼런 불길"이다.

시퍼런 불길 속에서도 출렁이는 빛의 유희
모처럼 터키 이스탄불에 갔을 때 나를 사로잡은
호론 댄스처럼 달리는 말발굽 소리들
광대한 청포도 넝쿨에 걸려 넘어지고 있네
검푸른 포도주 흔들리며 넘치는 크리스털 컵들
유리 기둥에서 박살 나 얼음덩이로 솟구치네
─「어로선에서」부분

거대한 아궁이에 활활 타는 생장작불
검푸른 불덩이들 위에 펼쳐놓은 채
어업용 해도 위에서 곤두박질할 수 있는
바다 밑 깊이 숨겨둔 욕망들의 불꽃들

좌절과 절망을 컥컥 씹다가 내뱉고 있어
       ―「삼각파도 피하면서」부분

핏방울만 빨아대네 들큼한 피 냄새 맡은

식인상어 떼들 입 벌린 채 꼬리지느러미로

탁탁 쳐보기도 하네

누군지? 떠다니는 시간屍姦들의 팔다리를

다시 토막 내고 있네 눈 감아도 흥건한

피바다 시퍼런 불길 속으로

내던지고 있네
       ―「황천항해」부분

 상반되는 푸른색과 붉은색, 그리고 물과 불이 융합되어 있다. 여러 시에 반복적으로 등장하는 "시퍼런 불길"은 "검푸른 포도주"로, "검푸른 불덩이"로 변주된다. 푸르지도 않은데 늘 푸르다고 불리온 바다를 시인은 "아궁이"로, "생장작불"이 타오르는, "몇천 도의 마그마"로 들끓는 "물밭"로 부른다. 게다가 누군가가 그 물살을 "담금질" 중이다.

번쩍번쩍하는 번개와 우당탕하는

천둥소리에 생살들이 찢어지고 있어

이건 몇천 도의 마그마를 다시 덮쳐

담금질하고 있어 피고름이 엉킨 물밭이

벌건 문어 빨판으로 다가오고 있어

―「거식증바다」 부분

 "물발"은 "담금질" 속에서 "벌건 문어 빨판"으로 거듭난다. 물이 다시 한 번 단단해진다. 배나 혹은 배에 탄 인간을 파도가 담금질하면 모를까, 파도가 담금질 된다니! 빈곤한 예상은 어김없이 빗나간다.

> 저기 보라카이
> 대장간에서 막 꺼내 수천수만
> 두드려대다 담금질하고 또
> 담금질하는 너울 어쩔 거나!
> ―「리메이크, 거대한 바다입술」 부분

 바닷물은 "쇳물"이다. 그리고 "담금질"을 통해 "쇳덩이"가 된다. 네덜란드 판화가인 M. C. 에셔의 「바위 혹은 물결의 연구」에서처럼 파도는 "쇳덩이물발"로 변한다. 시인이 여러 차례 소환하고 있는 "황천항해"에서 겪은 파도가 이러한 것이었을까?

> 대장간 불매질 코숭이 위로 쉿, 쉿―!
> 퍼 넘기는 쇳물 그대로 보여주고 있어
> 참고래 떼가 되돌아와 에메랄드 대문 확
> 열어젖히고 바닷소리를 끓여대고 있어
> …(중략)…

조업일지에 써둔 처방 찾지 않아도

백파白波 그놈에 담금질 당하는 쇳덩이물발

기관장만 화끈 화끈댄다고 기름걸레로

닦아주면 좋다고 노는 거 보제 보라카이

— 「바다 관능」 부분

달아오르는 아랫도리 액세서리 익살들 지금

대장간 망치로 때릴수록 벌게지고 있어

쿠릴 해류 지류에 이르는 담금질 소리 쉿, 쉿!

연방 두들겨 동한해류에 다시 담금질 하고 있어

— 「바다 근성」 부분

불에 달구고 벼리는 대장장이의 일은 본질적으로 연금술과 다르지 않다고 볼 수 있다. 연금술에 대한 설명에서 미르치아 엘리아데는 용광로를 "원초적 혼돈으로의 회귀를 담당하는 중추이자, 우주 창조의 반복을 담당하는 중추"로, 그 속에서 "물질은 죽었다가 다시 살아나서 마침내 황금으로 변환"(「대장장이와 연금술사」, 177쪽)된다고 설명한다. 시인의 바다는 그 같은 용광로가 아닐까 생각이 든다. 탄생과 죽음이 이어져 있는 공간 말이다. "대장간 망치" 소리에 맞춰 파도는 부서지고, 소멸하고, 생성되고, 다시 일어나는 과정을 끝없이 되풀이한다. 매 순간 죽고 매 순간 다시 태어난다. 시인이 포착한 바다의 "신비한 생명력"이 바로 이것이 아닐까 싶다.

> 바다로 갔을 때 처음 알았네
>
> 날마다 새롭게 탄생하는 숨결
> 신비한 생명력을 환호하는
> 선언문을 낭독하는 바다를 보았네
>   —「태양이 빛나는 바다」 부분

2. 오래된 상징과 유토피아

  그런데 그러한 바다에 둘러싸인 자신을 바라보는 시인의 사유는 의외로 전통에 머무른다.

> 구명줄로 몸을 맨 채 그물망 다 퍼주고도
> 롤링 피치 배질로 사는 것은 저승길이네
> 누가 불러서 바다로 온 것은 아니지만
> 바다를 만나면 파도 자락 질문서는
> 언제나 던지는 그물망에 있네
> 녹색 칠판에 그림 그려온 성난 파도와는
> 다르지만 내 뱃장은 든든하네
> 기약 없는 것이 죽음이라면서 앗 차!
> 하는 순간에 갈림길 예감으로
> 눈 감으면 그만이지만 바다와 사투
> 사투하면서 살고 싶어지는 내가

누군지를 똑똑히 볼 수 있네
　　　　　　　　　　―「참 어부 되는 답변서」부분

　"녹색 칠판에 그림 그려온 성난 파도"와는 전혀 다른 현실의 바다는 '나'에게 "질문"을 하고, "백파"는 '나'의 기개를 시험한다. "너울"과의 싸움은 "사투"라고 할 만큼 힘겹다. 바다는 '나'를 "후려치고", "내동댕이치면서", "마음대로 갖고" 놀기 때문이다.

　　사정없이 목덜미를 후려치는 너울 자락
　　갑판에 넘어뜨려 내동댕이치면서
　　기가 차도록 일부러 헛웃음도 치네
　　일으켜 멱살 잡고 마음대로 갖고 노네
　　쇳덩어리로 버티는 꺾쇠 보여주면서
　　검실검실한 구레수염도 슬쩍 쓰다듬어주네
　　　　　　　　　　―「참 어부 되는 답변서」부분

　그러나 "저승길"인 그 바닷길은 동시에 '나'에게 투지와 용기, 근성을 자극하고, "내가/ 누군지를 똑똑히 볼 수" 있도록 해주는 자아 발견의 여정임을 시인은 강조한다.

　　구명 로프에 허리 묶여도 데크deck
　　넘나들며 까불대는 백파에 불만과 오기는
　　탱탱해지며 더 빳빳하게 서네

─「갈등, 너울이여」부분

절벽 강정높이를 질투하는 성난 파도
150층의 빌딩을 무너뜨리면서 덮쳐 오네

절벽 강정 높이를 질투하는 성난 파도
150층의 빌딩을 무너뜨리면서 덮쳐오네

욕망의 발톱 새에 빛나는 태양을 불태우네
언제나 내 심장 꺼내 달라고 으르렁대네
─「나를 움직이도록 하는 것은 바다네」부분

"영하 40도의 땀방울"(「캄차카 바다 조업」)이 환기하듯이 바다에서의 "처절한 혈투"는 입문 의식적인 성격을 가진다. 그러므로 바다를 통과한다는 것은 그러한 의식을 통과하는 것으로, 그 결과, '나'는 새로운 인격으로 거듭 태어날 수 있다.

깜찍한 승리자의 비겁함보다 목적지까지
천천히 얻어내는 뚝심은 든든하였네.
무사히 닿을 수 있는 확신을 얻어냈네.
버리지 못한 야망을 성취감으로
이끄는 신비로운 끈기에 더욱 감동했네.
참으로 오랜만에 한바다에서 나는
나를 향해 던지는 강인한 밧줄 처음 보았네.

―「항해하면서 2」 부분

    바다를 통한 정신적인 성숙은 "나를 향해 [바다가] 던지는 강인한 밧줄"이라는 표현에서도 잘 드러난다. 바다가 던져준 이 "강인한 밧줄"이란 아마도 표류하지 않고 제대로 정박해 살아갈 수 있는 버팀줄을 일컫는 말이 아닐까 생각해본다. 시인은 자신의 경험을 바탕으로 바다가 훌륭한 학교임을 재차 확인시켜준다.

    그리고 한발 더 나아가, 바다가 인류의 새 터전이 될 수 있을 것임을 예언한다. 그곳은 "바닷속" 세상으로, '이곳'과는 다른 원리, 이른바 "물 때"(「배꼽시계와 허리물살」)의 원리로 움직인다. "바닷속"임에도 불구하고 청포도가 주렁주렁 열린 초현실적인 풍요의 세상이며, "새 떼"가 "물고기 떼"가 되는, 다시 말해 바다와 하늘이 하나가 되는, 궁극의 경계마저 무화된 융합의 세상이다. 시인은 이를 "가슴이 뛰는" 세상으로 정의한다.

    바닷속에서도 아이들이 맛볼 수 있게
    주렁주렁 열리는 청포도밭을 가꾸는
    꿈을 자주 꾸고 있네
    바닷속에서도 살 수 있는 순백한
    아이들 탄생을 나는 믿기 때문이네
    …(중략)…
    활기찬 새 떼 저절로 날아와 노래 부르다
    물고기 떼로 헤엄치는 걸 가끔 꿈꾸고 있네

하늘배꼽 보여주는 숲 물결 위에서
황금빛의 외침들이 너울 속을 확 까발리네
거대한 바다거울에 신통한 에너지 덩어리 꺼내
미래의 길을 보여주네 이제

우리는 아가미를 창조할 수 있네
바다 깊이에서도 터득할 수 있는 지혜는
완성되었네 바다로 가고 싶은 아이들에게
고래가 살아온 이야기부터 구체적으로
전해야 하네 어릴 때부터 물속에서 헤엄치면서
어머니가 바다임을, 그리고 양수 품은
모성적 공간에서 체험토록 해야 하네

미래는 아가미가 생긴 사람들끼리 만남도
예사일 거세 사람과 물고기는
가슴이 뛰는 곳에 살 수 있으니까
　　―「언젠가 사람도 바닷속에서 살 수 있다」부분

　시인이 "바닷속에서도 살 수 있는 순백한/ 아이들 탄생을" 굳게 믿는 까닭은 "아가미"로 호흡하는 인간의 등장을 확신하고 있기 때문이다. 시인의 말처럼 모든 생명의 근원인 바다를 제집 삼아 살아가다 보면 근원으로 되돌아가 아가미를 가진 새로운 존재로 진화하게 될지 아무도 모르는 일이다. 바다로 회귀하는 인류의 "미래"가 시작되는 오늘, 시인은 기꺼이 그들의 안내자가 되고자 한다. "바다로 가고 싶은 아이들에게/ 고래가 살아온 이야기부터 구체적으로/ 전해야" 한다고, "어릴 때부터 물속에서 헤엄치면서/ 어머니가 바다임을", "체험토록" 해야 한다고 시인은 주장한다.

3. 미래의 시, 현실의 바다

그다음으로 눈길을 끄는 것은 향후 보다 활발한 시적 구현이 기대되는 시인의 해양생태학적인 감수성이다. 바다에 천착해 온 시인은 오늘날의 바다가 당면하고 있는 환경 문제를 외면하지 않는다.

> 근황에 와서 급속도로 번지는 남해안
> 적조赤潮 사체들의 사혈死血이여
> 피투성이로 절규하는 목멤에도
> 황토만 투하하는 얼버무림 저런!
> 저래서야 될 일이가? 정말 적조積阻하네.
>
> 온통 하혈하는 아! 어머니 차라리 제 칼로
> 제 살점 도려내어 흩뿌려 주이소.
> …(중략)…
> 내 몫마저 기온 상승 탓으로 돌리는 한해살이
> 해마다 물타기하는 눈가림은 없었어.

고생만 뼈마디 타고 너울 소리로 아리고

아프다 아이가! 근질대는 바다비늘 긁어대며

간밤 냉수대에서도 벌건 탄식 답답하여 황토

뿌림도 다행이지만 약단지에 사슴뿔

다려내더라도 새파란 울 어머니 하혈 뚝

그치도록 손잡아주는 파란 물길

하늘 처방 주이소! 주이소―제발, 제발!

―「하혈하는 바다 ― 적조 보고서」 부분

  주검들이 춤추는 바다, 연중행사가 되어버린 적조를 바다의 "하혈"로 바라보는 시인의 시선은 안타까움으로 가득하다. 현실 바다의 "너울 소리"는 고통스러운 신음소리다. "하늘 처방 제발 주이소! 주이소―제발, 제발!"이라는 간절한 외침은 죽어가는 "새파란 울 어머니" 바다에 대한 시인의 연민이다. 동시에 "피투성이로 절규하는 목멤에도/ 황토만 투하하는 얼버무림 저런!/ 저래서야 될 일인가?"라는 반문에는 적조가 발생할 때마다 효과적인 방지대책을 내놓기는커녕, 실효성마저 의심스러운 황토만을 수 톤씩 바다에 쏟아붓고 있는 "얼버무림"에 대한 날 선 비판이 담겨 있다. 물론 시인은 비판에만 그치지 않는다. "내 몫마저 기온 상승 탓으로 돌리는 한해살이"라는 자기반성을 통해 점점 더 심각해지고 있는 적조에 대한 책임이 우리 모두에게 있음을 꼬집는다. 시인이 분노하는 것은 적조만이 아니다.

저것들 보이는가! 붙잡는 구멍뱀고둥, 각시수염고둥, 표주박고둥… 처녀개오지, 기생개오지, 거북손, 딱총새우, 보리새우, 매미새우, 성게, 말똥성게, 홍삼, 멍게, 돌기해삼, 문어들… 몸 비틀면서 신음하네 고뇌하던 껍데기들의 적막마저 짓누른 파리채, 빈 병, 깡통, 폐타이어, 토막로프, 유리 조각, 냉장고, 자전거, 외 신짝, 양말, 손수건, 요양소의 다 큰 아이들이 갖고 놀던 주사기, 기저귀, 브래지어, 짝 잃은 젓가락들, 우산대, 장난감 인형들… 오오! 웹 사이트들끼리 뒤범벅 타령을 하네 무자비하게 잘린 바다 관절마저 포식하는 가시거미 불가사리 놈들도 눈감아 주네 그 위로 해파리 떼들의 발리댄스로 난장판이 되네 콧물 흘리며 호소하다 뒤집혀지는, 아! 조것들 저렇게 살고 싶어 검붉은 피 울컥울컥 토해내네 분노하고 있네

—「허탈하여 혀 내미는 바다」 부분

    시인에 따르면 열거도 할 수 없을 만큼 수많은 해양생물들이 "신음" 중이다. 각기 다른 이름만큼이나 고유한 생명체들이 고통 속에 있다. 알맹이는 사라지고 이미 껍데기만 남은 바다 무덤마저 인간이 버린 쓰레기들로 가득하다. 별의별 것들이 바다에 버려진다. 그러나 생존마저 위협받는 상황에서도 '검붉은 피를 울컥울컥 토해내며 분노'할 뿐이다. "아! 조것들 저렇게 살고 싶어"라는 시인의 한탄에는 깊은 연민이 담겨 있다. 그래서일까? 시인은 많은 독자들이 이름조차 모르는 생명들의 이름을 일일이 부른다. 해수면 상승으로 인한 바다 환

경의 변화 역시 시인의 관심사다.

> 소용돌이치는 북극의 빙붕이 불쑥
> 내민 비수처럼 날아올라 내 눈알 속
> 스카이실링을 치는 소리로 파닥이다 번쩍
> 번쩍하는 비늘 그 은하중심에서
> 별의 탄생 같은 기존가설을 뒤엎는 찰나
> 온몸을 찍어대자 파도는 더 굽이치고 있어
>
> 변두리로 빨려드는 별들의 죽음처럼 사라진
> 남태평양 투발루 작은 무인도의 몸부림
> 인공위성으로 수몰 확인된 인도의
> 로하채라 섬처럼 발작적으로 토해내는
> 거뭇거뭇한 몸체가 퍼덕 퍼덕거리고 있어
> ―「탁본拓本, 감성어」부분

지구 온난화로 북극 빙하가 예상보다 훨씬 더 빠른 속도로 녹고 있다고 한다. 늘 한결같은 바다라고 생각하지만 현실은 그렇지가 않다. 해수면 상승으로 바닷속으로 사라지는 섬의 수가 점점 더 증가하고 있다. 하지만 많은 사람들에게 그러한 현실은 멀고 먼 남의 불행일 뿐이다. 시인은 "남태평양 투발루 작은 무인도의 몸부림"과 '인도 로하채라 섬'의 단말마를 전하며 독자에게 그 섬들을 기억할 것을 명령한다. 그리하여 그런 일이 일어나지 않도록 우리가 할 수 있는 일이 무엇인지

막막한 고민을 시작하게 만든다. 싱싱한 감성어 물고기가 죽어가는 위의 시처럼 생태학적 비전을 담고 있는 해양시가 보다 활발하게 창작되어 실질적인 변화를 이끌어내는 데 필요한 초석이 되었으면 하는 바람이다.

의미와 비의미, 현실과 초현실 사이를 오가는 낯선 언어의 항해를 따라가다 보면 독자는 어느새 기이한 바다 한복판에 있는 자신을 발견하게 된다. 언어라는 그릇에 담긴 관념의 현실을 유쾌하게 언어로 비틀며 현실을 해체하는 시인의 초현실주의적 상상력은 미학적인 유희를 넘어 독자에게 전복을 통한 해방을 연습할 시간을 제공하기도 한다.

| 차영한 |

경상남도 통영수산고등학교 어로과를 졸업, 1958년 어선을종 2등 항해사자격시험에 합격하여 2등 항해사 자격으로 몇 개월 승선했으나, 뱃멀미로 인해 하선한 후, 1965년 11월 경상남도가 시행한 5급 을류 공개 채용 시험에 합격, 1966년 1월 17일부터 공직을 시작하였다. 37년 6월 간 근무와 군대 경력을 합산할 경우 40년 1월 봉직하여 최종 직급은 지방서기관으로 퇴임했고, 최종 학력은 국립 경상대학교 일반대학원 국어국문학과 졸업(현대문학전공―문학박사 학위 취득)이다. 1979년 월간 『시문학』지에 천료 받았으며, 같은 문예지 통권 제484호에 문학평론 「청마시의 심리적 메커니즘 분석」이 당선되어 시 짓기와 평론활동을 겸하고 있다. 『섬』『캐주얼 빗방울』『바람과 빛이 만나는 해변』『무인도에서 오는 편지』『거울뉴런』『황천항해』 등 12권의 시집을 출간했으며, 비평집은 『초현실주의 시와 시론』『니힐리즘 너머 생명시의 미학』 등이 있다.

이메일 : solme6799@hanmail.net

황천항해 ⓒ 차영한

초판 인쇄 · 2019년 8월 30일
초판 발행 · 2019년 9월 3일

지은이 · 차영한
펴낸이 · 이선희
펴낸곳 · 한국문연

서울 서대문구 증가로 31길 39, 202호
출판등록 1988년 3월 3일 제3-188호
대표전화 302-2717 | 팩스 · 6442-6053
디지털 현대시 www.koreapoem.co.kr
이메일 koreapoem@hanmail.net

ISBN 978-89-6104-238-3 03810

값 10,000원

* 잘못된 책은 바꾸어 드립니다.

이 도서의 국립중앙도서관 출판시도서목록(CIP)은 서지정보유통지원시스템 홈페이지(http://seoji.nl.go.kr)와 국가자료공동목록시스템(http://www.nl.go.kr/kolisnet)에서 이용하실 수 있습니다.
(CIP제어번호: CIP2019032832)